Elements of Japanese Gardens

庭・エクステリア

―――――基礎知識と実際―――――

吉河 功＝著

Elements of Japanese Gardens
Photographs & Text : Isao Yoshikawa
Translation : Chiristopher D. Witmer
Design & Layout : Kenichi Yanagawa

First Edition, October 1990
ISBN4-7661-0603-2

Graphic-sha Publishing Co., Ltd.
1-9-12 Kudan-kita Chiyoda-ku Tokyo 102 Japan

Phone 03-263-4310
Fax 03-263-5297
Telex J29877 Graphic

Printed in Japan by Toppan Printing Co., Ltd.

まえがき

　本書は多数の写真を活用して，庭園についての総合的な基礎知識を述べた，"庭園図鑑"的な性格の書物である。しかし，同時に，実際に庭作りを考えている人にとっても，さまざまな角度からの手引や，アドバイスとなるような内容を目指して執筆してみた。

　ただし，この書は単なる実用書ではない。作庭にあたっては，実際的なノウハウも必要であるが，その前の段階でさらに重要なことがある。

　それは庭園についての認識であり，物事の正しい把握である，と，著者は常に考えている。

　だから，庭園を構成する造形の源となる思想，さまざまな要素の正確な由来や，その本質，精神を知っておくことは，よりよい庭作りにとって，まことに重要なことなのである。

　また本書では，通常の庭園についての書物があまり触れていないような点についても広範囲に取り上げ，できるだけ分かりやすく解説することに務めた。古庭園の項目を設けて「『作庭記』と古代庭園」「大名庭園」「武学流庭園」「豪華な庭」を述べたのもそれであるし，施工関連の記述としては，例えば「庭石加工」「水琴窟」「枯山水の工程」等の項では，具体的に写真によって進行の様子を説明しておいた。

　したがって本書は，一般の読者だけでなく，広く庭園関係者にとっても参考になるところが少なくないと信じている。

　本書の土台となっているのは，著者が1984年(昭和59年)11月から翌年の9月までの間，読売新聞(東日本版)に毎週連載した「庭・エクステリア」である。

　したがって，その原題を尊重し，本書も同じく「庭・エクステリア」を書名とした。そして内容をより具体的に示すために，"基礎知識と実際"の副題を入れたものである。

　読売新聞では，カラー写真を1枚大きく入れ，それを例として庭園造形の主要な点を解説する形式であった。この連載は幸いにも好評をいただき，お手紙等を寄せられる方も多く，本としてまとめてほしいと希望される方もかなり多数であった。

　このたび，ここに著者の庭園シリーズ中の1冊として，書物にまとめることができたのであるが，よりよい内容とするために，写真を大幅に増やし，新聞にはなかった項も新たに14項目ほど追加することにした。

文章も新聞のものを尊重しながら，かなり書き換えたり，増やしたりしているし，適宜参考図面を入れたので，数段目新しい内容になったのではないかと自負している。しかし，文章の上では，できるだけ専門用語を避けて，分かりやすく記載することに努力したつもりである。

　庭園の世界には，意外なほど俗説の類が多く，間違ったことが堂々と通用しているような困った現実がある。常識と思われているようなことでも，実際は誤りであることが少なくない。

　本書を執筆した著者の大きな願いの一つは，そういった俗説の類を正し，本当の庭園の精神を理解して頂きたいということである。

　例えば，水を入れる鉢である「手水鉢」と，その鉢を中心としてかがんで使うように作った設備である「蹲踞」を同一のものと混同したり，キリシタンとは無関係の「織部燈籠」を，"キリシタン燈篭"と呼んだりする等はそれである。

　ただ，もっと根本的な問題で，庭石や石燈籠にコケを付けるのが，庭園における風流であるかのように考えている人が多い，というようなことなどは，まったく困った誤解である。読売新聞でこのコケを取り上げた時，編集者が表題に"石に生ずるは病なり……"と記したので，これにはかなり意外に思った人が多かったようである。しかし，庭園の古書には「コケとサビとは違うものであり，サビはよいが木や石に生ずるコケは石の垢であり病である」(要約)と明確に記されている。

　千利休は，露地(茶庭)においても，この種のわざとらしさを最も嫌った。自然のままの永い歴史を経たサビは尊重されるべきであるが，意図したサビは否定されたのである。

　「さびたるはよし，さばしたるはあしし」(『源流茶話』)とは利休の名言であるが，"さばしたる"とは"さびさせたもの"という意味である。このような根本精神を理解することが，庭作りの基本であると著者は考えている。

　庭の真の理解といった点では，著者もまだ「日暮れて道遠し」の感が大きいが，非才ながら，すでに半生以上を庭園の追及に費やしてきた著者のつかんだものが，多少なりとも愛庭家の方々の参考になるならば，これ以上嬉しいことはない。

1990年10月

吉河　功

Preface

Using many photographs, this book provides a comprehensive introduction to modern Japanese gardens. Besides many pictures, however, it also provides wide-ranging, practical advice to persons interested in introducing Japanese elements to their own gardens.

Nevertheless, this is much more than a how-to book. Practical advice is extremely valuable to any gardener, but there is something else still more important: an accurate understanding of gardens. *Elements of Japanese Gardens* seeks to convey such an understanding through explanations of the most essential elements of garden composition and formation.

This book also attempts to cover points frequently overlooked in most gardening books, and to provide the most straightforward, lucid explanations possible. One such neglected area is the subject of ancient gardens. This book seeks to fill that void through discussions of the *Sakuteiki* ("Chronicle of Gardening") and ancient gardens, *daimyo* (feudal warlord) gardens, *bugakuryu* (military science style) gardens and opulent gardens. Another special feature is the explanation, through serial photographs, of procedures for building various garden installations. These include how to cut and shape garden rocks, how to build *suikinkutsu* and how to build *karesansui*.

Accordingly I hope this book will prove useful and interesting not only to general readers, but also to gardeners themselves.

The world of gardening is full of misconceptions and old wives tales. It is hoped that the publication of this book will help eliminate such misunderstandings once and for all.

For example, many people confuse *chozubachi* with *tsukubai*, of which *chozubachi* are but one part. Also, many people refer to Christian Oribe lanterns, even though Oribe lanterns have no historical connection with Christians whatsoever.

Even worse, though, is the dismaying sight of people who encourage moss to grow on their stone lanterns and garden rocks, slowly destroying these stone objects in the process. People need to distinguish between the patina of old stone objects, which is desirable, and the gathering of moss, which rots and ruins them.

Senno Rikyu was sorely vexed by people who, seeking to enhance their stones' aura of hoary old age, would encourage damaging moss to gather on them.

This author has no pretensions of being the be-all and end-all of gardening; far from it. But I hope the experience and understanding gained during half a lifetime spent pursuing gardening excellence will prove helpful to my fellow garden-lovers. If I succeed in aiding the gardening activities of my kindred souls, I shall be deeply satisfied.

目 次　　　Contents

Glossary

arare kuzushi: seemingly random layout of paving stones with uneven borders.

asanoha kaede: (lit. "hemp leaf maple") a type of maple popular in Japan.

birudogoke: (lit. "velvet moss") a type of moss frequently used in Japanese gardens.

chajin: a master or votive of *chanoyu*.

chanoyu: the tea ceremony or tea cult.

-chiku: Japanese for "bamboo."

chozubachi: a functional/ornamental handwashing basin, usually made of stone.

daimyo: a feudal warlord

dosen: (lit. "conduit") the layout of the walkway between the gate and the front door.

ensaki chozubachi: a *chozubachi* placed at the veranda edge.

fusen-gata chozubachi: *chozubachi* shaped like ancient coins, with a square hole in the center.

gorinto: (lit. "five-circle tower") gravestones composed of a stack of five stone cylinders or spheres representing earth, water, fire, wind and heaven.

hachiku: a type of black bamboo.

hanare-ochi: a waterfall cascade that resembles water poured out of a pitcher.

hashi ishi-gumi: stone bridges grouped with stones in each of the four corners.

hauchiwa kaede: (lit. "feather fan maple") a type of maple popular in Japan.

hoju: the nearly cylindrical "lotus bud" protuberance atop a stone lantern.

inumaki: a type of podocarp

ito-ochi: a waterfall cascade that resembles a thread.

jiwari: (lit. "land allotment") in garden design, the allocation of two-dimensional space for optimum aesthetic appeal.

kaki, -gaki: Japanese for "fence."

karenagare: rocks and gravel arranged to represent a stream or rapid.

karesansui: gardens representing mountains and water, using rocks and gravel instead of water

karetaki: rocks and gravel arranged to resemble a waterfall; one *karesansui* technique.

kasa-gata chozubachi: *chozubachi* shaped like a roof or lid.

kasa: the "roof" or lid of a stone lantern.

kata, -gata: Japanese for "form," "shape" or "style."

keyaki: a type of zelkova tree popular in Japan.

kiso-gata chozubachi: *chozubachi* made from the bases of other stone objects.

kumazasa: a low, striped bamboo.

kurochiku: a type of black bamboo.

kutsu-nugi ishi: (lit. "shoe removal stone") a large stone step at the veranda edge.

madake: a common type of bamboo.

mino: a type of rustic Japanese raincoat made from straw.

mitatemono chozubachi: objects such as stone mortars and incense stands that have been converted into *chozubachi*.

mosochiku: a type of thick-stemmed bamboo.

nokiuchi: (lit. "inside the eaves") a walkway/terrace under the broad eaves of traditional Japanese houses.

nuno-ochi: a waterfall cascade that resembles a cloth veil.

oki doro: a movable lantern

Oribe doro: a common type of stone lantern with a kasa that resembles a thatched roof. The shaft is sunk into the ground.

rendai-gata chozubachi: *chozubachi* made from or resembling the lotus petal base of a Buddha statue.

roji: a garden developed as an adjunct to the tea ceremony.

rokkaku-gata chozubachi: hexagonal *chozubachi*.

ryunohige: see *tamaryu*

Sakuteiki: an early chronicle of Japanese gardening philosophy and techniques.

samon: ripples or other patterns formed in *shikisuna* using a special rake.

sanzon ishi-gumi: (lit. "three Buddha stone grouping") the most basic stone grouping method, using three stones.

sao-gata chozubachi: columnar *chozubachi*.

sasa, -zasa: bamboo grass

sawa-watari ishi: a type of stepping stone for crossing water.

sawara: a type of cypress.

Senno Rikyu: 1522-1591, perhaps the single most important *chajin* in Japanese history, he exerted a great influence on the development of both the tea ceremony and Japanese gardens.

shihobutsu-gata chozubachi: square *chozubachi* with Buddhist effigies carved on all four sides.

shikisuna: ornamental beds of coarse sand or gravel.

shishi odoshi: (lit. "deer 4or boar5 chaser") a bamboo contraption originally used to frighten animals away from farms, now used for ornamental purposes in gardens.

shizenseki chozubachi: largely or entirely unmodified natural stones used as *chozubachi*.

sosaku-gata chozubachi: *chozubachi* manufactured from scratch for the express purpose of being used as *chozubachi*.

sugigoke: (lit. "cedar moss") a type of moss frequently used in Japanese gardens.

suikinkutsu: an underground water echo chamber sometimes built into tsukubai drain systems.

tachi chozubachi: a chozubachi tall enough to be used standing.

tagasode-gata chozubachi: *chozubachi* resembling a draped kimono sleeve.

take, -dake: Japanese for "bamboo."

takeho-gaki: a bamboo branch fence.

tamaryu: (lit. "bead dragon") the common, commercial name of a lawn plant. The proper name is *ryunohige* (dragon's whiskers).

tatami: densely woven grass mats used as floor covering in Japanese houses.

tochiku: a type of Chinese bamboo.

tokusa: a kind of rush

toro, -doro: a garden lantern, usually made of stone.

tsukubai: an integral formation of *chozubachi* and *yakuishi*.

tsutai-ochi: a waterfall cascade that clings to the rock while falling.

yakuishi: that are strategically grouped with *chozubachi* in a *tsukubai* to facilitate use of the *chozubachi*.

yamamomiji: (lit. "mountain maple") a type of maple tree popular in Japan.

yosejiki: grouped paving stone layout using two or more distinct types of stones.

yotsume-gaki: a lattice (lit. "four-eyed") fence.

yukimi doro: (lit. "snow viewing lantern") a broad, squat lantern with legs extending from the body and a kasa that resembles the accumulation of snow on a woven bamboo or rush hat.

Elements of Japanese Gardens

庭・エクステリア

紅葉の美　Autumn Foliage

モミジ(ヤマモミジ)のメモ

◆落葉喬木で，不整形の姿となる。

◆産地は，本州，四国，九州。

◆生長は早く高さ10m以上にもなる。

◆紅葉，新緑，共にまことに美しい。

◆花は4，5月に付けるが，あまり目立たない。

◆実は10月頃つけ，翅を持った実でよく飛ぶ。

◆陽樹であり，肥沃な土地を好む。

◆移植は原則として春先がよい。

◆剪定を好まぬ性質を持っている。

◆江戸時代には「夕陽木」の一種とされ，夕陽の当る庭の西側に植えるのがよいとされた。

1. ハウチワカエデの紅葉。さまざまな色彩に変化する楽しみがある

1. *Hauchiwa* maple. The multicolored leaves are gorgeous.
2. Nakajima Park, Sapporo, dressed in its autumn finest.
3. *Hauchiwa* maple planted in the west side of a small garden.
4. The king of yellow-leaved trees, the gingko.
5. The bright autumn colors of deciduous trees are all the more striking when offset by evergreens.

2. 紅葉の美に彩られた庭園風景
　（中島公園・札幌市）

4. イチョウ。黄葉の王者ともいえる

3. 小庭の西側に植込まれたハウチワカエデ

5. モミジの鮮やかな紅葉。常緑樹の中に映える

●近年都会では，特に季節感がうすれてきている。それだけに私達の小さな庭にも，できるだけ自然の息吹を取り入れたい，と考える人が多いのは必然的なことと思う。

庭作りにも各種の様式があるが，やはり庭園というものは，大きな意味で自然美が母体になって成立しているのである。

その自然を最も身近に感じさせてくれるのは，やはり樹木等の緑であるといってよい。

この緑に近年，少々異変が起こってきている。常緑樹が勢いを得る一方で，落葉樹が次第に都会から姿を消しつつあるという困った現象である。

落葉樹は，総体的にいって公害などに対する耐久力が低く，したがって当然都市化に弱い。また，開発によって武蔵野等の雑木林が目に見えて少なくなったことも，衰退の原因の一つになっている。

それに対して常緑樹は，針葉樹を除けば総体的に生命力が強い上に，目隠しにも最適な樹木であるから，都会では好んで庭園に植えられる傾向にある。

それも当然な樹木の使い方といえるが，季節感や風情という面から考えると，落葉樹の美には捨てがたい魅力がある。

特に，雑木の風情を好む人の中には，ブナ，クヌギ，ナラ，ソロ，シイ，ヒメシャラ，ケヤキ，シラカバ，ハギ，などを庭に植えることを望む人が多いようである。

ただし，このような樹木の中には，気候の差などで，地方によっては庭には適さない種類もあるので注意しなければならない。

落葉樹の中でも，カエデ類は庭園樹木の一つの主役であろう。特に季節感はこれに勝るものはない。いうまでもなく，それは紅葉の美である。秋が深まり，紅葉や黄葉の神秘的な色が，常緑樹の緑を背景にして彩りを競うその美しさは格別である。庭に緑をと望まれる方は，このような季節の色彩にも十分に配慮して配植してほしいものである。通常，庭園に使うカエデ類には，ヤマモミジ，イロハモミジ，イタヤカエデ，アサヒカエデ，ハナノキ，ハウチワカエデ，マイクジャク，などがある。いずれも紅葉，黄葉が美しい種類である。しかしカエデ類にはベニシダレのように，春先の方が葉色が美しいものや，アサノハカエデのようにほとんど紅葉しない種類もある。

また，原則としてカエデ類には剪定を好まない性

質があり，切ると切り口から腐れが入って枝枯れすることも多い。そのような場合は，切り口に粘土などを塗って保護してやることも大切である。

このような点を十分に考慮して，将来生長してもよい場所を選んで植え込むことが基本となろう。

ただし，カエデ類といっても，紅葉だけがその魅力という訳ではない。

やはり庭園美という点からいえば，幹が美しく，枝ぶりの良いものを選ぶことが第一である。そのようなことから，枝ぶり良く，庭園によき風情を添える樹木として，古来ヤマモミジは特に好まれてきた代表的なカエデといえる。

その他，私の好みとして推薦したいのはハウチワカエデ。北海道の産で，あまり都会では用いられていないが，大きな葉が特色で豪華な感じがある。樹形も株立ち風になるものがあって面白い。秋は紅葉するが，どちらかというと黄葉になり，その間に微妙な色の変化があるのが大きな魅力といえよう。

その他，黄葉の王者としては，やはりイチョウの見事さも忘れられない。

日本の風景美の典型として，東北地方や北海道で見る紅葉，黄葉の美しさは格別である。

Some Key Points Concerning Maples (Especially *Yamamomiji*)

* They are large deciduous trees with an irregular shape.
* In Japan they are found primarily on the main islands of Honshu, Shikoku and Kyushu.
* They grow quickly and reach heights over 10 meters.
* They are beautiful both in spring and in autumn.
* Generally the best time to move them is early spring.
* They dislike pruning.

6. 園路に沿って続く紅葉の例

7. ドウダンツツジとカエデの紅葉と黄葉

8. 並木に見る紅葉

9. 落葉の見事な彩り

10. 石垣とドウダンツツジの生垣

In recent years, city dwellers are losing touch with the seasons. Many people feel this is all the more reason why we need to include as much naturalness as possible in our gardens.

There are many approaches to garden building, but in the Japanese garden natural beauty almost always is the starting point. And perhaps nothing surpasses verdant trees in making us feel close to nature. But there is a definite trend in the greenery that surrounds us: evergreens are becoming more prominent, while deciduous trees are gradually disappearing from the urban landscape.

In general, deciduous trees are less resistant to air pollution than evergreens, and therefore find the urban environment more hostile. Another reason is urbanization, which diminishes the size and number of copses.

By contrast, with the exception of conifers, evergreens tend to be vigorous and provide

screen for homes, making them increasingly popular in urban gardens.

However, because they change with the seasons, conveying each season's particular beauty, deciduous trees are very appealing. In particular, many admirers of copses like to plant various beech, oak, keyaki (zelkova), white birch, Japanese bush clover and other such trees in their gardens.

Maples are perhaps the most popular of all deciduous trees, largely because of their delightful autumn foliage. What can compare to the dazzling yellow and crimson autumn foliage in a raucous symphony of color, backed by the serene green of evergreens?

There are many varieties of maples, including some noted most for their beauty in early spring, such as the *asanoha kaede* (hemp leaf maple), which hardly turns color in autumn at all.

In general maples dislike pruning, and it is not unusual for rot to enter from where they are cut, causing twig blight. Under such circumstances it is important to seal the cut with clay or some other protective compound.

From the perspective of aesthetics, it is important to choose trees with beautiful trunks and that branch well. This in part accounts for the especial popularity of *yamamomiji* (mountain maple).

6. A row of autumn trees lining the park road.
7. Azaleas with red and yellow maple leaves.
8. The beauty of rows of trees in autumn.
9. Fallen leaves are also a delight.
10. A hedge of azaleas astride a stone wall.

生垣 Hedges

1. 参道の両側に植えられたイヌマキの生垣

1. Both sides of the approach to a shrine planted with *inumaki* (a podocarp).

2. 石垣上の珍しいクロマツ生垣

2. An unusual black pine hedge atop a stone wall.

Urban afforestation is one of the primary goals of gardening. Not only is the planting of hedges around dwellings an easy method of afforestation, it also contributes to the greening of the entire urban landscape. Recently many local self-government bodies subsidize families that plant hedges in lieu of fences.

I am frequently asked what trees are best suited to making hedges. It is difficult to answer. Depending on the local climate, there are significant differences in what trees can be planted. In the city, hedges must be pollution-resistant, and near the ocean, salt-resistant. The amount of sunlight received is also important, so you can't simply use whatever tree you like. If your only criterion here is personal preference, you are likely to fail.

Let's examine some general requirements for hedges. First, most hedges also serve as screens around dwellings, so usually evergreens are to be preferred. The following characteristics are desirable in a hedge:

1. Resistance to pruning
2. Sufficient germination capabilities
3. Few insect enemies
4. Resistance to pollution
5. Does well in almost any soil
6. Resistance to shade
7. Beautiful leaves

3. 海辺に適するサンゴジュ生垣

4. スギの高生垣

5. カナメモチの生垣

6. 二段に用いたアラカシの生垣

7. カンツバキの生垣

●都市緑化は，造園の最も大きなテーマの一つである。したがって，住宅の囲いを生垣にすることは，緑化の早道であると共に，緑豊かな町づくりに参加することにもなってくる。

最近，塀に代えて生垣を作る家庭に補助金を出す自治体が多くなったのも，緑化の促進につながっている。ところで，「生垣には，どのような樹木が適しているのでしょうか」という質問をしばしば受けるが，案外この答えはむずかしい。

日本のように，北海道から沖縄まで南北に長い国は，気候の関係で地方によって樹種にかなりの制約があるからだ。また，どんな場所に作る生垣であるかによっても，樹木の選び方が違ってくる。

都会の市街地ならば公害によく耐えるものを，海が近い地方ならば塩害に強いものを選ぶのは当然であろう。また，総合的に考えても，生垣を作る場所の日当りの良し悪しも，大いに問題にしなければならない。単に個人的な好みだけで樹木を選んでいるだけだと必ず失敗してしまう。

最も良い方法は，その地方を足まめに歩いて，どんな生垣が多いかを調べてみることだ。

以上のような点をふまえつつ，ここでは一般的な生垣用樹木の条件を考えてみよう。

まず，大原則として，生垣は住宅などの目隠しを兼ねるのが普通なので，基本的には常緑樹であることが望ましい。

しかし，これには例外もあって，ドウダンツツジ，セイヨウイボタ，カラタチ，などのような落葉樹も時には使われることがある。

さらに，生垣に向く樹木の性質としては，

　1．刈り込み，剪定によく耐える。
　2．萌芽力が十分にある。
　3．病害虫が少ない。
　4．公害に強い。
　5．土質をあまり選ばない。
　6．日陰地に強い。
　7．葉の色が美しい。
なども大切な条件となる。

また，一般の住宅では，あまり大規模な生垣は作れないのが普通なので，なるべく葉の小さな樹種を選ぶ方が見た目にきれいである。

このような諸条件の，すべてを満たす樹木はないが，それに近く，一般に多く用いられている樹木をあげてみよう。

北日本では，イチイ，サワラ，ウコギなどがよく使われている。

その他の地方では，イヌツゲ，カイヅカイブキ，カナメモチ，イヌマキ，ウバメガシ，ウラジロガシ，アラカシ，シラカシ，マサキ，サザンカ，ツバキ，サツキ，サンゴジュ，チャノキ，モクセイ，ハマヒサカキ，などが代表的なものといえる。

しかし，細かく見ると，地方色はかなりあるもので，関西ではウバメガシ，アラカシなどのカシ類やカイヅカイブキ，湘南地方ではサンゴジュ，マサキなどが好まれている。

また，チャノキやウコギは飲食の役にも立ち，特にウコギの新芽は，茹でておひたしにすると非常に美味であることは案外知られていない。

一方，春先の新芽が赤く特に美しいのはカナメモチで，ベニカナメの称もある。丈夫さと萌芽力の強さで推奨したいのはウバメガシで，寒地には向かないが，関東以西ならば十分に生育する。

全国的に最も広く見られるのはイヌマキの生垣であって，通常はただマキと呼ばれている。

生垣は上方にのびるのを極力おさえ，下枝が失われぬように注意することが手入の基本となる。

カシの高生垣を背景とした枯山水庭園
カギ形に構成したカシの生垣をバックに，七石の石組みを浮き上が
らせる設計。右手からのスギゴケの出島にあるクロマツも庭のポイ
ントとなる。

完成パース   *Karesansui* (dry Japanese garden) against the backdrop of an oak hedge

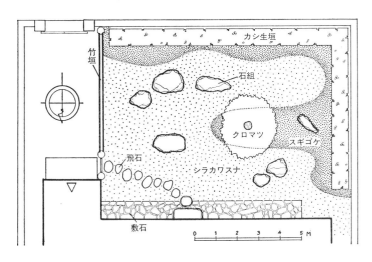

同上，平面図   Layout diagram of above

8．ホンツゲの生垣

9．見事なサツキの生垣

10．玉物を連ねた生垣

15

下草 Undergrowth

1．よく手入れされたトクサ

2．前庭に生かされたトクサの景

1. Well-maintained *tokusa* rushes.
2. Tokusa rushes planted by the front entrance.
3. Beautiful foliage of *noshiran* and cute flowers of *miyakowasure* (right).
4. Lily-of-the-valley next to stepping stones.
5. An unusual Chinese variety of peony.
6. An example of how sasa bamboo grass is used in one famous garden.
7. Pampas grass and the lawn match charmingly.
8. *Hitotsuba* is a low plant used for undergrowth.
9. Ferns decorate one corner of a *karesansui* garden.

3．葉色の美しいノシランとミヤコワスレ(右)

4．飛石に添えるドイツスズラン

5．中国産の珍しいボタン。品種名「豆緑」

6．名園に見るササの配植例

7．芝庭とよく調和するパンパスグラス

8．低い下草の一種ヒトツバ

9．枯山水庭園を飾るクサソテツ

●一般住宅の庭園には，緑はほしいか樹木を植える程の広さはない，というような中途半端な空間がかなりあるものだ。

その場合の一つの解決方法として，鉢植えの木などを置く例が多い。ただ，この場合も玄関先などでは不調和となることもある。

そういう場所は，必ずといってよい程狭く，日当たりもよくない。上部に屋根の庇が出ていることもある。したがって，こんな環境に緑を生かすためには，土地の条件によく合った下草類を植えるのが最もよいと思う。

下草というのは，背の低い庭園用草本の総称で，庭草ということもあるが，ササ類のようなグラウンドカバーや，低木類も一部含まれる。

下草にも種類は百以上あるが，よく使われるものは案外限られているようだ。

ハラン，ツワブキ，シャガ，イチハツ，センリョウ，マンリョウ，ヤブコウジ，フッキソウ，セキショウ，リュウノヒゲ，トクサ，シダ類，などはその代表といえる。

それぞれに捨てがたい味わいがあるが，中でも和風住宅によく向く種類として，ここではトクサについて少々取り上げてみよう。

トクサは，一直線に上に伸びる姿に，すっきりした美しさがある。あまり横に広がらないので，適当な空間が保てるのもよい。

トクサとは，トクサ科に属する常緑の多年草で，日陰地に強く，湿気のある地を好む。

茎は上方に立ち上がり，高さは30cmから70cmくらい。一定の間隔に節があり，茎の内部が空洞なので，枝はないが小さな竹のような姿が愛らしい。

よく伸びるので，高さを一定にそろえたい時は，節の部分から抜けばよい。株分けでよく繁殖するのも利点といえよう。

トクサの漢字は「木賊」と書くが，本来は「砥草」からその名が出たようで，昔から木工品や竹などを磨く（砥ぐ）ために多く使われてきた。

これをトクサ磨きという。この磨きには，茎を乾燥させて使うが，その茎には表面に硅酸が多量に含まれているため，干すと非常に硬くなり，上質のヤスリのような役割を果すのである。そのため，実用にも観賞にも向く草として，古くから重宝がられてきたのであった。

他の下草については，写真で見ていただきたい。

It is not uncommon for homes to lack sufficient space to plant trees, even when greenery is wanted. A frequent solution in such cases is to raise potted plants. Another solution is to plant undergrowth, which can be any of over 100 types of shrubs, bamboo grasses and various other forms of ground cover. Among the plants popular for this purpose are ferns, aspidistras, rushes, Japanese silverleaf and *manryo*.

Let's consider rushes. Rushes are evergreen perennial plants that thrive in damp, shady places. Their stalks stand 30cm to 70cm tall and are hollow. They propagate well through root dividing.

Standing at ramrod attention, rushes have a striking beauty all of their own.

タマリュウ　*Tamaryu* (lawns)

1. 石組みとタマリュウはよく調和する

タマリュウの小山を見せた中庭
日当たりの悪い中庭のため，樹木を植えず，タマリュウの小山で緑
を強調し，すっきりと石組みを見せる。白川砂の枯流れと，手前の
伊勢ゴロタ敷きも特色。

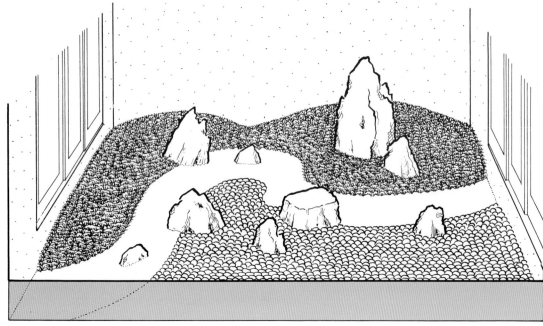

完成パース　　　　　　　　　　　　　　　　Creating a mountain image with *tamaryu*

2. ポットに入った植付け前のタマリュウ

3. タマリュウの植付け風景

4. 次第に植えられていくタマリュウ

5. 飛石，手水鉢とタマリュウの景

6. 完成した枯山水の美しい曲線とタマリュウ

1. A harmonious stone formation and *tamaryu*.
2. *Tamaryu* in pots before transplanting.
3. Transplanting *tamaryu*.
4. Transplanting nearing completion.
5. Stepping stones, *chozubachi* (handwashing basin) and *tamaryu*.
5. The beautiful flowing lines and *tamaryu* of the completed *karesansui* (dry Japanese garden).

●緑の芝生は，今や庭園の色彩美の象徴的な存在になっている。たしかに，地面を覆う緑の素材（グラウンドカバー）として最も多用されているのが芝生（主にコウライシバ）であることは間違いない。

ただし，広々とした庭なら美しい芝生も，残念ながら小面積の土地や，日当たりの悪い所には向いていない。手入れも思いのほか大変である。

このため，そんな場所で，芝生に代わる素材はないか，ということが，常に作庭家の悩みだった。

京都を中心とする関西では，ちょっとした小庭にも美しくコケ類が密生している。コケといえば京都の庭を思う人も少なくない。その主体となるのはスギゴケ類で，気候や環境とも合い，よく増える。

東日本でもこのコケ類を庭に取り入れたいと望む人は多いが，美しいコケ地を作るのはむずかしい。気候などの違いがあるからで，よほど条件がよくないとコケはつかないと思った方がよい。

コケに代わるグラウンドカバーとしては，セキショウ，リュウノヒゲ，マンネングサ，クラマゴケ，ダイコンドラ，コクマザサ，などがある。

しかし，どれも一長一短があって，用途は限られてしまう。

グラウンドカバーは，性質が強い，日陰地に向く，よく増殖する，背が低い，葉が細かい，常緑である，色が美しい，踏んでも痛まない，手入れが楽，大量に栽培され販売されている……などの条件を満たすものが望ましい。

現在，これらの条件に最も近いのは，タマリュウであろう。タマリュウとは製品名であって，正確には矮性リュウノヒゲといい，リュウノヒゲの変種である。

根がよくつき，リュウノヒゲのように葉が上にのびず横に広がるので，土留めなどにも最適である。どちらかといえば半日陰の土地に適しているが，水やりさえ怠らなければ，日当たりのよい土地でも生育する。ただし，日に焼けると葉の色が黄色っぽくなる性質がある。

通常でも色が濃い目の緑で，芝生やコケにくらべて，葉色がやや地味なのは気になるが，それ以外では密生してしまえば，手入れがほとんどいらないのは大きな利点であろう。

現在は，ほとんどポット栽培で，そのまま販売されている。問題は少々値の張ることだが，最近では栽培量も増え，徐々に値も安くなってきた。

The very mention of the word "lawn" suggests the beauty of gardens. Lawns are among the most frequently used forms of ground cover.

However, while lawns look great spread out over large areas, they are not well-suited to small patches of shaded land. Also, lawns are difficult to maintain well. Accordingly, gardeners have often wished for a viable substitute for lawns in such areas.

In Japan's Kansai region, especially in Kyoto, one can find many gardens that make excellent use of moss as a ground cover. Many Japanese envision Kyoto gardens when they hear the word "moss." Unfortunately, mosses are sensitive to climactic changes, and generally do not do well in Eastern Japan.

For many people, the ideal ground cover would be tough, thrive in the shade, multiply well, stay low, have fine leaves, stay a beautiful green throughout the year, be resistant to trampling, be easy to maintain and be producible and marketable in large quantities.

Tamaryu comes closest to satisfying all these criteria. *Tamaryu* is the commercial name. The proper name is *ryunohige* (dragon's whiskers).

Instead of sticking up, the leaves of this strong-rooted plant droop like a dragon's whiskers, so it are ideal for sheathing.

19

コケ Mosses

1. 美しいスギゴケの地模様

2. 密生したスギゴケ

3. 一面の苔地。ビロードゴケ，その他

4. 石組みとスギゴケの景

5. 典型的な京都の苔庭

6. 敷石とスギゴケの調和の例

1. A beautiful *sugigoke* (cedar moss) landscape.
2. Dense, lush *sugigoke*.
3. *Birodogoke* (velvet moss) and other varieties.
4. A rock formation surrounded by *sugigoke*.
5. A classic Kyoto moss garden.
6. A harmony of paving stones and *sugigoke*.

●庭好きの人の中には，コケに愛着を持っている人が多い。京都の庭園美はコケの美だという極論さえある。たしかにコケの深みのある緑には，他の素材にはないやわらかな感覚と，風雅な味わいがある。

しかし一方で，このコケほど世に誤解されているものはないと思われる。ここでは，コケのごく基本的な知識について述べてみよう。

コケという漢字に私達は何気なく「苔」の字を使う。誤りではないが，正しく言えば苔は蘚苔類の一種であり，蘚類と苔類に大きく分類される。

両者の違いは学術的にいうとむずかしい問題もあるが，基本的に蘚類は地面の根から茎が立ち上がり葉を付けるものがほとんど。苔類には，同じく根，茎，葉のあるものと，地面にへばりついて，はうように繁殖するものとがある。

庭ゴケとして使われ美しいものは，実は多くは蘚類なのである。苔類はあまり美しくないうえ，ゼニゴケのように庭を害する困ったものもある。

また，蘚類であっても，必ず庭に使えるというものではない。最も庭に適したものはスギゴケ類であって，他にヒノキゴケ，シッポゴケ，フデゴケ，ハイゴケ，なども用いられる。

スギゴケ類には，スギゴケ，オオスギゴケ，ウマスギゴケ，コスギゴケ，などがある。特に最も多いオオスギゴケの美しさは格別で，その中心的な素材となっている。

東日本でも，適度な日照と日陰，排水がよくて風通しのよい地，そして何よりも空気の乾燥しにくい地といった条件さえあれば，かなりよく繁殖する。ただ，都会では，よほど，愛情をもって手入れしないと消えてしまうことが多い。

コケは胞子で増える植物なので，植えるというより張って行くのであり，養分を少なくすることも，コケを良くするポイントとなる。

以上のコケとは別に，コケの名が付いていても，実際は蘚苔類ではないものもある。クラマゴケ（イワヒバ科），サギゴケ（ゴマノハグサ科）などがそれなので注意してほしい。

コケというと，庭石，石燈籠，手水鉢などに付着したものを大切に思っている人が多いようだ。しかし，石にコケを付けるのは本来誤りで，かえって石を傷めるし，その美しい線をころしてしまう。江戸時代の作庭秘伝書『築山庭造伝前編』には，「石と木に苔の生ずるは病なり」と記されている。

Mosses impart such a refined beauty to gardens that some aficionados insist the beauty of Kyoto's gardens is the beauty of moss. Moss has a special place in the hearts of many garden lovers.

Mosses include types that cling to the surface of the ground and "creep" over it as they grow and propagate, and types with roots, stalks and leaves. The latter are used in gardens. The foremost examples of these are the hair-cap mosses, of which there are several varieties. They are resistant to cold, and propagate well, provided the following conditions are met: an appropriate balance of light and shade, good drainage, good air circulation and, above all, high humidity — mosses hate dry air.

Mosses reproduce by spores. The key to maintaining good moss is not to feed it too well.

Some people think it is desirable to have mosses growing on garden stones, stone lanterns and *chozubachi* (handwashing basins). I disagree, because over time mosses can damage these stone items, and because they hide the beautiful lines of the stones. The great gardeners of the Edo Period wrote "Moss growing on stones and trees is a sign of illness."

植マス　Planters

1．レンガタイルの植マス。左右の変化ある構成がよい

1. A planter with a brick veneer. The deliberately asymmetrical design is good.
2. A planter and building using the same materials.
3. A planter between the stairs and car garage.
4. A planter between the apartment house and the street.
5. A planter built alongside a wall.
6. Planters of different heights.
7. A gate-front planter with a stone veneer, planted with azaleas.
8. A curved planter with a stone veneer.
9. A superb example of stone masonry in this Japanese style planter.

2．建物の壁面と同一素材の植マス

3．車庫と階段の境に作った植マス

4．道路に面したマンションの植マス

5．塀際に長く作った植マスの例

6．高さを変えて用いた植マス

7．門前の石張り植マス。木はドウダンツツジ

8．曲線に作った石張り植マス

9．石積みとして作った見事な和風植マス

● 住宅に緑を生かす方法にも，庭木の植え付け，下草の活用，花壇，飾り鉢，鉢植えの配置など，いろいろな実例がある。

これ以外で，近年特に多く見られるようになったのは，植マスの設置であろう。

植マスというのは，石，煉瓦，タイル，コンクリート，などで囲った一定の空間を作り，その中に植物を植えるものである。大部分は整形で，長方形となるものが最も一般的のようだ。

簡単なものでは，歩道の街路樹の周辺を方形に囲ったものなどをよく見かける。

住いにこれを取入れる方法としては，玄関前，前庭の仕切り，塀際，門前，などに設ける例が多く，低いものから，かなり高いものまである。中でも最も例が多いのは門前の植マスである。

植マスが好まれるのは，建物や門などと一体化した緑の造形として計画できることにあるようだ。

そこに何を植えるかは好みによって自由だが，通常は，庭木を植える，刈込み物とする，草花を入れる，などに分けられる。

最もふさわしいのは，整形の刈込みができ，低めにおさえられる樹木である。これだと，他の造形とのバランスが長く保てる。その樹種としては，できるだけ常緑樹で，しかも葉の細かいものがよい。サツキ，ツツジ，イヌツゲ，マメツゲ，などはその代表的なものといえよう。

植マスは，ややもすると狭く作られる傾向があるが，あまり窮屈で土が少ないものだと，樹木の生長が悪いのは当然のことである。

ある程度の広さが必要で，排水もしっかり取って根が傷まないように配慮してほしい。

また，漠然と設けるのではなく，周囲の造形や素材とよく調和した形式にすることも大切である。

写真1の植マスは，門前の左右に構成したものであって，門と塀の素材と一体化させたレンガタイルのマスとし，左手を二段にして変化を出しているのが大いに成功している。内部には，サツキとヒイラギナンテンを植えている。

最近では，建物と一体の設計で作ったものも多く写真2，3はその好例といえよう。その他，いろいろな実例は写真を参考にしてほしい。

以上述べたのは普通の固定された植マスだが，最近では移動可能なプラントボックスもずいぶん用いられるようになってきたようである。

There are many ways of enlivening our dwellings with greenery, including planting of garden trees, use of undergrowth, flower beds, decorative flower pots, arrangements of potted plants and so on. Another approach increasingly common in recent years is the use of planters (or planting curbs), which are frames, usually made of stone, brick, tiles or concrete, in which plants are planted.

Among the common applications of planters in our homes are in front of the entrance, as boundaries around the front garden, as fences, and in front of the front gate. The last example is probably the frequent use. They can range from ankle-high to waist-high or higher.

You can plant whatever you like in a planter, but usually the types of plants used are restricted to particular themes, such as trees, trimmed shrubs or flowers.

Perhaps the most appropriate use is for trees that can be kept low by trimming. This makes it easy to maintain a constant balance with other architectural/landscaping elements. The best trees for these uses are fine-leaved evergreens. Azaleas and box trees are commonly used.

One precaution in building planters is to make them sufficiently wide. If they are too narrow, the plants' growth will suffer.

刈込み Trimming

1. よく手入れされたサツキの玉刈込み

1. Well-tended azaleas trimmed into spheres.
2. A huge hedge of azaleas in full bloom.
3. Large-scale "wave" trimming at Raikyuji Temple.
4. Large trimmed *sawara* cypresses.
5. Trimmed *kusatsuge* in a public park.
6. Trimmed yew trees common to Northeast Japan.
7. A row of trimmed *kaizukaibuki*.

2. 一面に花をつけた大規模なサツキの刈込み

三尊風サツキ刈込みのある主庭
主庭の一隅にサツキの刈込みを配し，その手前に石組みを行った
一例。

完成パース   Use of trimmed azaleas in the main garden

24

3．大刈込みの名園頼久寺庭園（高梁市）の波刈込

4．大規模なサワラの刈込み

5．公共造園に使われたクサツゲの刈込み

6．東北を代表するイチイの刈込み

7．列植されたカイズカイブキの景

● 樹木が庭園の大切な素材であることは，今さらのようにいうまでもない。しかし，それはあくまでも素材であるから，それを生かして用いるのには，それなりの努力が要求される。

なぜならば，庭木には，その土地の本来の生態系から，はずれたものが使われることも多いからだ。良い木にするには，やはり十分に手入れしてやることが必要なのである。

公園などでは，樹木本来の形を生かしていくのも一つの方法だが，住宅庭園の場合は，少なくとも年一回ぐらいは剪定などを行い，樹形を整えることが望ましい。したがって庭木には，剪定に強い種類を選ぶことも大切である。

樹木の緑は，庭の雰囲気を盛り上げ，人々にうるおいをもたらす大きな役割を持っている。その反面，一部の主木などを除くと，庭園造形の主役になりにくいという面もある。

日本庭園では，池や築山や石組みが造形の主体となることが多く，樹木は脇役のような感覚で用いられてきたからである。

それに対して，樹木をより積極的に庭の主役にしようとする努力も行われてきた。それが刈込みであるといえよう。

自然のままの樹形を否定し，それを刈込むことによって，作者の思い通りの造形に仕立てて行く方法である。これは生垣などではかなり古くから用いられてきたが，庭園の景としての刈込みは，日本では

あまり古くない。せいぜい江戸初期頃から行われるようになったものであろう。

その実例で最も雄大なのは大刈込みで，庭全体に大波のうねりのような景を表現したものである。

この大刈込みの庭では，頼久寺庭園（岡山県高梁市）や，大池寺庭園（滋賀県甲賀郡）のものが特によく知られている。まことに芸術性にあふれた植栽の名園といえよう。

これに対して，小刈込みといわれるものもある。小さく，丸や角に刈込むもので，サツキの小刈込みなどは，住宅庭園にも例は多い。

ただし，この小刈込みは，あまり用いるとかなりうるさい存在にもなってしまう。古庭園でも，見事な石組みの間に，この小刈込みを多く配している例をかなり見かけるが，大部分は後世の追加で，かえって庭の景を害しているのが実態である。

この刈込みがさらに発達すると，何かの具体的な形を表現するような場合も出てくる。これは主にヨーロッパの庭園に例が多く，鳥獣の姿などを樹木で作ったものは，トピアリーと呼ばれ，すでにローマ時代からその記録があるという。

これは，一種の樹木彫刻といえるが，日本ではこのようなものはほとんど発達しなかった。しかし，江戸時代以降では，多少の実例が見られるようだ。

刈込みは，どうしても最初の形よりも太ってしまい，線が崩れることが多いので，深く強く刈って美しい線を保つようにすることが大切である。

The green of trees is important in heightening the atmosphere of a garden and giving the viewer a sense of tranquility. Many Japanese gardens, however, use ponds, mounds and stone aggregations as their central elements, and, with the exception of certain key trees, in such gardens most trees are relegated to "supporting roles."

Trimming is one way of making trees stand out more on the stage that is your garden. By rejecting the "natural" shape of the tree and reforming it through trimming, it can be made to assume whatever shape the creator desires, and can assume a much more prominent place in the garden.

Hedges have almost always been trimmed, but the use of trimming to create important garden features is a relatively new technique in Japanese gardens. At the earliest it dates back only to the early Edo period.

Sometimes an entire garden is shaped through trimming on a grand scale, creating a vast rolling, billowing panorama. Among the most famous of these trimmed gardens are found in the Raikyuji Temple in Takahashi, Okayama Prefecture and in the Daichiji Temple in Koga, Shiga Prefecture.

Other times trimming is used on a small scale to shape individual trees into spheres or cubes. Azaleas around dwellings are frequently trimmed in this way. In any case if you are going to trim, continue to do so boldly, because it doesn't take long for trees to grow back and destroy the shape you originally gave them.

ソテツ Cycads (*cycas revoluta*)

1. ソテツは石組みと美しく調和する

Detail of cycads planted next to a garden pond
(from ancient manuscript)

ソテツのある池泉庭園の細部。(『築山庭造伝前編』より)

1. Stone formations and cycads go well together.
2. Cycads can be a primary attraction in a garden.
3. A hillock of superb cycads in Korakuen Park
   (Okayama).
4. A cycad with vigorous offshoots.

2. ソテツは庭内の主要な景となる

3. 岡山後楽園庭園（岡山市）の豪華なソテツ山

4. よく子株の育ったソテツの景

『古今茶道全書』所載「利休作書院庭」の図にあるソテツの景　Use of cycads shown in an ancient manuscript

● 庭木の種類はさまざまだが，その特色ある樹形に南国的な風情をただよわせる樹木は，庭作りの上で大変貴重な存在といえよう。

その仲間には，リュウゼツランやバショウなども加えてよいが，樹木ではやはり，シュロ，トウジュロ，シュロチク（いずれもヤシ科），ソテツ（ソテツ科）などが代表的なものとなっている。

これらは，南国的な感覚の建物ばかりではなく，現代のモダンな住宅などにもよく調和する。

総体的には暖地向きの樹種といえるが，シュロ類などは，かなりの寒さにも耐えるので用途が広い。

この中で，庭園に用いて最も好ましいのは，トウジュロとソテツであろう。

シュロといえば，ワジュロを指すのが普通で，これは九州の産といわれている。それに対して，トウジュロは中国の産といわれる。トウは唐の意味である。

姿はトウジュロが一段と上品で，葉の柄も短く，それが斜めにすっきりと立ち上がった姿は美しい。

それに対してワジュロは，葉が重たい感じで，下に垂れ下がるので，少々やぼったい感じに見える。

しかし，何といっても，庭木の一方の王者という

べきものはソテツであろう。

ソテツは誤解の多い樹木で，外国産と思っている人がかなりある。だが実際は，南九州や沖縄に自生していたことが分かっている。

その樹形が異国的なので，日本庭園とは調和しないかのように考えてしまうらしいが，実は古くから愛好され，庭園にも植えられていた。

九州方面の庭には随分用いられていたらしく，京都でも室町時代には使われた記録が残っている。

次の桃山時代になると，戦国大名達に愛好され，当時の豪華な石組みに調和する樹木として，庭への用例はまことに多かった。

秀吉の伏見城内には，ソテツばかりを植えた茶庭さえあった。襖絵などにも好んでソテツが描かれるようになったのは，この頃からである。江戸時代にもソテツは大いに好まれ，桂離宮庭園（京都市），岡山後楽園庭園（岡山市），栗林園庭園（高松市）などには，今も見事なソテツの群栽が見られる。

ソテツは，漢字で「蘇鉄」と書く。そのため，鉄分が肥料になるという俗説を信じて，鉄片や釘を幹に打ち込む人があるが，それは全くの迷信で，木を傷めるだけなので注意してほしいと思う。

There are many kinds of garden trees, but among them those that impart a "tropical" air are precious in their own way. These include agaves, *basho*, hemp palms, *shurochiku* and cycads (Japanese fern palms). Not only do these go well with buildings evincing an exotic "tropical" flair, but also with modernistic dwellings.

In general these trees do best in warmer climes, but they are hardy enough to withstand considerable cold, so their range of application is broad. There are records of hemp palm and cycads used in Japanese gardens since the Muromachi Period. During the war-torn years of the Momoyama Period, these trees were popular among the *daimyo* because they harmonized so well with large, gorgeous stone formations. Generalissimo Toyotomi Hideyoshi had a garden planted entirely of cycads in Fushimi Castle. His affinity for cycads also shows in their frequent appearance in landscape paintings on room dividers and doors. Among famous gardens featuring stunning stands of cycads are the Katsura Detached Palace in Kyoto, Korakuen in Okayama and Ritsurin Park in Takamatsu.

竹類　Bamboos

Among the many varieties of garden plants, bamboo ranks as one of the most loved by Japanese in every age. The muscular trunks of green bamboo standing ramrod straight have a distinctly masculine power, while the graceful waving of bamboo in the wind is distinctly feminine. In the hot summer months, just the sight of bamboo is refreshing and cooling. Planting of bamboo in gardens was already popular as early as the Heian Period.

Bamboo drops and replaces its leaves in springtime, so the Japanese phrase "bamboo autumn" refers to spring.

Many people think of bamboo in the same way as trees, and as a result they may unwittingly harm their gardens. The main difference between bamboo and trees is that bamboo propagates by underground stalks. So if you plant too much bamboo, you may be unpleasantly surprised to find it taking over your garden!

The surest way of preventing that is to build an underground concrete barrier to prevent the stalks from spreading beyond the area where you want them to grow.

クロチクを生かした中庭

平面的な空間を強調した中庭にクロチクを植え，背後の龍安寺垣と調和を見せた設計例。二石の石組みのうち，手前の立石と蓮台形の飾り手水鉢が奥行を強調している。

完成パース　　　　　　　Use of black bamboo in an inner court

１．モウソウチク。前庭に植えられている

２．店舗に用いたモウソウチク

３．クロチク。門前のアクセント

４．メダケ。門に添えて植える

5．トウチク。玄関前を飾る

6．スズコナリヒラ。玄関に添えている

7．ナリヒラダケ。フェンスに沿わせる

8．トウチクを植えた坪庭の好例

9．ナリヒラダケ（左）とスズコナリヒラ（右）

●数多い庭園植栽の中でも，竹類は，古くから日本人に最も愛好されてきた代表的な種類である。

まっすぐに伸びた青竹の幹には，独特の男性的な力強さがあるし，風にゆれるそのしなやかな姿には女性的な優美さが感じられる。

また竹影は，夏に涼しさを呼ぶ景としても特に尊重された。邸の北に竹を植えることは，すでに平安時代には流行していたほどである。

竹には，樹木とは違った数多くの特性があるが，風情の面からいえば，多くの植物が緑の葉をつけはじめる春に葉代わりの時期を迎え，古葉を落とすことはよく知られている。これを「竹の秋」といい，俳句では春の季語にもなっている。

そんなことから，現代の住宅庭園にも竹を植えたいと望む人はかなり多いようだ。

ところが，そのような人の中には，案外，竹を一般の樹木と同じように考えている人が少なくない。そのために，せっかく竹を植えても，かえって庭を悪くしている例さえある。

竹が樹木と最も大きく相違する点は，地下茎で繁殖するということであろう。だから，いいかげんに竹を植えると，やがては庭中に広がってしまい，困

ることがよくある。

それを防ぐためには，地下茎が他に出ないようにあらかじめ土を深く掘って，コンクリート板などを縦に隙間なく地中に差し込み，しっかりと区切ってしまうことが必要である。

そうした場合，竹の種類にもよるが，多くは春から夏にかけてタケノコが生えてくる。

それを，間引いたり，食用にしてしまい，いつまでも最初の竹（これを母竹という）をそのままに観賞している人があるが，これだと母竹は次第に弱ってしまう。当然老化してくるのである。

庭の竹の寿命は十年くらいともいうが，たいていは五年を過ぎると色も悪くなり，枝も上がってくるようだ。だから古い母竹は早めに切り，新しく出た若竹を伸ばして，これを次の母竹とする。若い母竹は美しく，それによって地下茎の勢いも衰えない。

庭竹として代表的なものは，モウソウチク，ハチク，クロチク，トウチク，シホウチク，ホテイチク，カンザンチク，ナリヒラダケ，クマザサ，コクマザサ，オカメザサ，などであろう。

近年最も多く使われているのはナリヒラダケで，庭園関係では"ダイミョウチク"の名で呼ばれる。

Many varieties of bamboo produce succulent shoots in spring, and many of these wind up on gardeners' dinner plates, while the original parent bamboo is left as is. Be warned, however, that the parent bamboo will eventually grow old and die. Bamboo generally has a lifespan of about 10 years, but it begins to show its age after five, as its color gradually worsens. Thus it is a good idea to cut the old parent bamboo early and raise shoots into a new parent bamboo. The young bamboo is beautiful and will keep a steady supply of shoots coming.

Popular varieties include *mosochiku* (thick-stemmed bamboo), black bamboo, *hoteichiku* and *kumasasa* (a low, striped bamboo).

1. *Mosochiku* (a species of thick-stemmed bamboo) planted in the front garden.
2. *Moshochiku* used in front of a store.
3. Black bamboo lends a pleasing accent to the gate-front.
4. *Medake* planted next to the gate.
5. *Tochiku* (a Chinese bamboo) in front of the house entrance.
6. *Suzukonarihira* next to the house entrance.
7. *Narihiradake* next to a fence.
8. A good example of a courtyard planted with *tochiku*.
9. *Narihiradake* (left) and *suzukonarihira* (right).

竹垣 Bamboo Fences

建仁寺垣 Kenninji (Kennin Temple) Fences

1. 石垣の上に作られた四段押縁の建仁寺垣

2. 上部に瓦を乗せた前庭の建仁寺垣

3. 最も格式の高い真の建仁寺垣

4. 珍しい窓付の建仁寺垣

5. 門前を飾る，瓦を乗せた建仁寺垣

6. 斜面の石垣上に作られた関西式の建仁寺垣

建仁寺垣を背景とした枯山水庭園
枯池式枯山水のバックに関西式の建仁寺垣を作り，三尊石組みや織部燈籠をくっきりと見せた設計。手前の飛石の打ち方と枯池中の手水鉢も特色になっている。

完成パース　　　*Karesansui* against a Kenninji fence backdrop

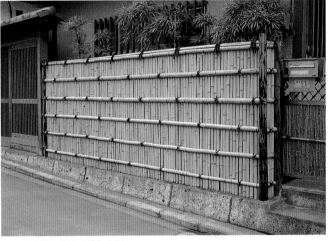

7. 五段押縁の関東式建仁寺垣

Bamboo fences, an important element of the beauty of Japanese gardens, are used as dividers, backdrops and outer walls around gardens. Particularly in areas where dwellings are crowded close together, bamboo fences produce an elegant, soft impression quite different from that of conventional walls and fences. Even by including a bit of bamboo fencing around the gate you can produce very effective results.

These bamboo fences, usually about 1.8m high, typically serve a dual function as screen and backdrop.

The most famous type of bamboo fence is the Kenninji Temple fence. It consists of logs or poles sunk in the ground, spanned by several horizontal bamboo furrings (usually large bamboo stalks split in half) and completed by many vertical strips of a constant width. There

are a many variations on the Kenninji Temple fence.

Madake is considered the best type of bamboo for fences. Recently, *mosochiku* is also commonly used. The results are slightly rougher but perfectly acceptable, especially when viewed from a distance.

Kenninji Temple fences derive their name from the famous Temple in Kyoto, where they are said to have been first made. The names of many bamboo fences come from Zen Buddhist temples in Kyoto. This is because these fences are used in creating settings for the tea ceremony, which has Zen Buddhist origins.

1. A four-tiered Kenninji fence built atop a stone wall.
2. A front garden Kenninji fence topped by tiles.
3. A dignified, orthodox Kenninji fence.
4. An unusual Kenninji fence with windows.
5. A tiled Kenninji fence in front of the gate.
6. A Kansai-style Kenninji fence built atop a sloping stone wall.
7. A five-tiered Kanto-style Kenninji fence.
8. A classic *gyo*-style Kenninji fence.
9. A *so*-style (uneven at the top) Kenninji fence.
10. The Ginkakuji fence is one of most prominent features of this house.
11. The lower half is a lattice fence, while the upper half is a Kenninji fence.
12. One type of Kenninji fence, a Ginkakuji fence built atop a stone wall.
13. Part of a rustic Kenninji fence made of scorched bamboo.

8. 典型的な行の建仁寺垣

9. 上を乱れ手法とした草の建仁寺垣

10. 住宅外観のポイントになる銀閣寺垣

11. 下を四つ目垣とした下透かし建仁寺垣

12. 建仁寺垣の一種，石垣上の銀閣寺垣

13. 焼いた竹を用いた地方色ある建仁寺垣部分

●日本の庭園美の大切な要素の一つである竹垣は，庭園内部の仕切りや景として，また外部の囲いとして，さまざまに生かされてきた。

特に家々が接近しているような地域では，竹特有の色や，やわらかな感覚が，塀やフェンスにない風情ある景を作り出す。

門のあたりに，部分的に竹垣を作るだけでも，よい効果をあげることができるものである。

そういう場合の竹垣は，やはり遮蔽垣が原則で，標準的には高さ1.80mとし，目隠しと景とを兼ねることになる。

建仁寺垣はその代表格のもので，丸太柱に数段に胴縁を渡し，縦に立子という一定幅の割竹を並べ，それに押縁と呼ぶ押えの横竹（多くは太竹を二つ割りにしたもの）を数段にかけたものである。

この垣にもいろいろ変化ある形式があって，また地方色にも富んでいる。

まず関東では，上部の玉縁という笠の部分を別にして，押縁を五段に渡すものが多く，段が多いだけに細目の押縁になる。

これに対して，京都を中心とした関西式建仁寺垣では，太目の押縁を四段にかけるものが多く，力強

く豪華な感覚が特色になっている。

また，日本には真・行・草という独特の三つの分類方法があって，いろいろな分野で行われているが，建仁寺垣も例外ではない。

真は，書道でいう楷書にあたり，垣の上部には必ず玉縁をかぶせる。今日見られるものは，ほとんどがこの真形式である。

行は行書にあたり，上方の玉縁を省いたもので，軽快な感覚が特色であろう。

草は草書にあたり，立子の上部の長さを違えて，いわゆる乱れにするものである。この形式は，茶庭などに向いた，侘び好みの建仁寺垣であり，短い袖垣として作られるが，例はあまり多くない。

竹材としては，やはりマダケが最良で，上品な味わいの垣となる。モウソウチクも最近はかなり使われるようになってきたが，少し荒い感じになるようだ。長さのある垣や，遠目で見る垣の場合はこのモウソウチクでも構わない。

建仁寺垣の名称は，この垣が最初，京都市東山区にある禅宗の名刹，建仁寺に作られたところから出たというのが定説になっている。

竹垣の名称は事実，京都の禅寺の名からとったも

のが多く，禅寺と茶の湯との関連から，多くの垣が創作されたことも十分に推定できる。

しかし，建仁寺垣は，関東でも江戸時代から広く好まれており，江戸末期の文政13年(1830)に喜多村信節によって編纂された『嬉遊笑覧』にも，建仁寺垣の項目があり，「今江戸にて専らふとき竹を四ッ割にして垣とするを建仁寺垣といふ。……」などと述べられている。

戦前までは，東京の下町に特に多く作られていたもので，東京ではこれを「けんねんじ」と発音していた。今でもこのようにいう人は少なくない。

そのため一部では，この垣のことを，建仁寺ではなく，建念寺から出たものだという説を唱えている人もある。しかし，これはやはり間違いであって，京都の建仁寺に由来する「けんにんじ」垣が正しいのである。

昔の江戸弁は，「にん」を「ねん」と発音する独特のなまりを持っており，江戸っ子は人参のことを「にんじん」といわず，「ねんじん」というのが普通であった。「けんねんじ」も，この特有の江戸なまりだったのである。

竹穂垣 *Takeho* (Bamboo Branch) Fences

1. An archaic type of *takeho* (bamboo branch) fence built following a Heian Period scroll painting. The branches opening upward are interesting.
2. A small example of an archaic type of *takeho* fence. The leaves have been left intact.
3. A *takeho* fence built with the branches pointing upward.
4. A *takeho* fence that makes skillful use of the bamboo "joints."
5. A four-tiered black bamboo *takeho* fence.
6. A five-tiered black bamboo *takeho* fence.
7. A bamboo branch fence next to the house entrance. The lower half is open.
8. A three-tiered *takeho* fence made of *hachiku* (a type of black bamboo).
9. This elegant Katsura fence is a variation of the *takeho* fence.
10. A splendid *takeho* fence built of small branches.
11. A *takeho* fence built in two sections.
12. The lower half of this *mino* fence, a variation of the *takeho* fence, is open.
13. A small but meticulously built *takeho* fence.

1. 平安時代の絵巻物と同形式に作った古式竹穂垣。上に開いた穂が特色

2. 上部を葉つきのままにした, 小規模の古式竹穂垣の作例

3. 上部を開いた形に作った竹穂垣

4. 節を美しくちらした形式の竹穂垣

5. 四段押縁の黒穂（クロチクの穂）竹穂垣

6. 五段押縁の黒穂竹穂垣

7. 玄関脇を飾る下透かし竹穂垣

●手近な素材，人があまり注目しないような素材をうまく生かして行くこと……それは，庭作りの非常に大切な考え方であると思う。

工夫とセンスの良ささえあれば，意外なものが美しい景に変化して，庭を引き立ててくれる。

昔の日本人は，そのようなセンスに大変優れていた。平安・鎌倉時代頃の絵巻物などを見ると，その部分に，かなりの数の垣根が描かれているが，まことに風流なものが多く，場面を盛り上げる大切な要素の一つとなっている。

特に目を引くのは，野にある雑木の枝を集めて立て並べ，それに同じ雑木の枝や，あるいは竹などを横に当てて押えた，簡素な柴垣の類である。

これは典型的な田舎の風情として，もののあわれを感じさせる造形として，好んで作られたらしい。

それは，当時の著名な文学作品にも，たびたび登場してくる。『源氏物語』にも，「日もいと長きに，つれづれなれば，夕暮のいたう霞みたるに紛れて，かの小柴垣のもとに立ち出で給う……」（若紫の巻）というような美しい描写がある。

この柴垣と共通したものに，竹の枝で作った竹穂垣があり，これもかなり多く作られていた。

この竹穂垣にも，今では多くの種類があって，大変手数がかかる，高価な竹垣もある。

しかし，簡単に作ることが可能で，しかも風情にあふれた竹穂垣は，すでに平安時代頃から多く作られていた。

前頁の写真で紹介した二つの古式竹穂垣もその一例で，これは著者が最近，平安時代のイメージを取り入れて作った住宅庭園に，飾り垣として配してみたものである。

この古式竹穂垣くらい，簡単な竹垣も少ない。しかも，素材はモウソウチクの枝でよいのである。今でも産量の最も多いモウソウチクは，幹は利用価値が高く売れるが，枝は使い道が少なく，竹材の産地でも枝を捨てたり，焼却処分にしたりしていると聞く。実にもったいない話である。竹枝は，工夫次第でいくらでも生かせるのである。

そこでここでは，古式竹穂垣の作り方を紹介してみよう。

1. まず骨組みとして，細竹を逆V字形に少し先を出して組み，これを二組作って適当な間隔で地面に差し込んで立てる。その上に，別の細竹を一本横に渡して結び止める。

2. 竹枝は前もって日に干して葉を落し，下の太く曲がった部分を切り落し，下から二節分か三節分の細枝をハサミで付け根から切り落す。

3. できた竹枝を七，八本ずつ平均した長さと太さになるよう針金でたばねる（下半分の三か所ほどに針金を巻き，ペンチでしめる）。

4. こうして，先の開いた帚のようなものを作り，一本ずつ表裏から先の横竹に斜めに結び止める（下は地面に差し込んで固定する）。

5. 適当な位置に飾りの染縄をかけ，上方の下向きに出た小枝を切り落して，上に開いた姿の竹穂に統一する。

このようにして，自然な感じに枝が開くのが，この古式竹穂垣の味わいである。

なお，竹穂垣の素材には，ハチクの枝や，クロチクの枝も用いられる。しかし，竹垣素材として多用されるマダケの枝は，非常に太く硬いので，古式竹穂垣にも，他の竹穂垣にもあまり向いていない。

その他の竹穂垣には，作り方の複雑なものが多く，専門家でないと作るのはなかなかむずかしい。それには大徳寺垣，桂垣，茶筌垣，蓑垣，などがある。

8. ハチクの枝を用いた三段押縁の竹穂垣

9. 豪華な感覚の竹穂垣の一種，桂垣

10. 小枝を美しくさばいた形式の竹穂垣

11. 二段式に作った竹穂式の衝立垣

12. 下を透かした竹穂垣の一種，蓑垣

13. 竹穂衝立垣。小さいが見事な細工である

One important aspect of gardening is the clever use of available materials or materials that people might ordinarily overlook. With a little bit of ingenuity and an eye for design, the humblest materials can come to life as beautiful props in your garden performance.

In the past the Japanese were blessed with just such a refined design sense. There are scroll paintings from the Heian and Kamakura periods that show various kinds of fences, including many that are simply delightful. They are useful for directing attention and heightening impact.

Especially interesting are rustic brushwood fences made of gathered branches held in place by wooden or bamboo crosspieces. These evoke a keen sense of rustic beauty mingled with pathos (due to the allusion to rural poverty).

Corresponding to these brushwood fences are *takeho* (bamboo branch) fences, which also date from antiquity. The two *takeho* fences shown on

page 33 are examples of these old-style fences. These were built by the author, based on Heian motifs, for use in decorating a residential garden. This is about as simple as fence-making gets. They are made of *mosochiku* branches. The main stalks of *mosochiku* are valuable for use in many applications, but there are very few uses for the branches, which are usually thrown away or burned in bamboo-producing areas. What a waste! With a little imagination, bamboo branches can be used in any number of ways.

Here's how to make an old-style *takeho* fence:

1) First, for the frame, tie slender bamboo stalks in an inverted V. Make two inverted Vs and stand them in the ground at the desired distance apart. Next use another slender bamboo stalk as a crosspiece to link the two inverted Vs. Tie it in place.

2) Dry the bamboo branches beforehand and remove the leaves, cut off the fat bent

sections at their bases. Use scissors to cut off two or three "joints" of the slender bamboo from the base.

3) The prepared bamboo branches are tied in bundles of seven or eight, bundling the branches so they are of uniform length and thickness. Wrap the lower half of the bundle in three locations with wire and tighten the wire with a pair of pliers.

4) The result vaguely resembles a broom. Stick the bases in the ground, lean them against the crosspiece mentioned above and tie them carefully in place, one at a time.

5) Add decorative dyed ropes at appropriate locations. Cut off any branches pointing awkwardly downward to accentuate the overall upward thrust of the branches.

This completes the old-style *takeho* fence. The branches open up in a simple, natural manner that is a treat for the eyes.

四つ目垣　*Yotsume* (lattice) Fences

1. 三段胴縁の四つ目垣。枯山水庭園の仕切りに作られている

1. A three-tiered lattice fence built to partition a *karesansui* garden (dry Japanese garden).
2. A woven bamboo gate and lattice fence partitioning the garden adjacent to the tea ceremony room.
3. A woven bamboo door and Kyoto style lattice fence.
4. A lattice fence with all the members doubled.
5. A tall lattice fence on both sides of a wooden door.
6. A low three-tiered lattice fence.

四つ目垣の仕切りを設けた小庭

前庭との仕切りに四つ目垣を作り，木戸を用いた一例。手前を広く
ゴロタ敷きの空間とし，タマリュウの小山との境に四方仏手水鉢を
中心とした蹲踞を構成している。

2. 茶庭中門の枝折戸と四つ目垣

完成パース　　　　　　　　Small garden with lattice fence partition

3. 枝折戸と京都風四つ目垣

4. すべてを二本合わせで構成した四つ目垣

5. 高めの四つ目垣。木戸の左右に作られた例

6. 低い三段胴縁の四つ目垣

● 私達に最も身近な竹垣といえるのは，この四つ目垣であろう。マダケの細竹である"唐竹"のみを用いた簡素な垣であり，向こうが見渡せる透かし垣の代表とされている。

江戸時代からさかんに作られており，主に茶庭の仕切垣としては，不可欠の存在とされてきた。

茶庭では露地を二つに分けて，外露地，内露地（茶席側）とするのが普通で，その間に中門という簡素な門を設ける。この中門には，竹を斜めに編んだ枝折戸を扉として用いる例が最も多い。

この中門の左右に，外露地，内露地の仕切りとして多用されるのが四つ目垣である。

この垣には，客が外露地から内露地を見通すのに適するという大切な役割がある。

同時に，細竹を縦，横に組んだだけの姿が，茶の心である侘びの思想とも合致する造形として，茶人達に特に愛好されたのであった。

また，四つ目垣は，中門の枝折戸との調和という点でも，まことによい効果をあげている。

しかしこの四つ目垣は，簡素である反面，味わいを出すのが大変むずかしい垣であり，これを巧く作れる者は，庭師でも名人級だといわれる程である。

四つ目垣は，通常高さ1.20m前後であるが，それより低いものもある。両端に柱を立て，柱の間に三段から四段の胴縁を水平に渡し，そこに表裏表裏というように，一定間隔で唐竹の立子を結び止めていく。その上部は，水が入らないように必ず節止め（節のすぐ上部で切ること）とする。

この垣の造形上のポイントは，その間隔の取り方にあって，胴縁の段のつけ方にも地方色がある。

最も平均的なものは胴縁が四段で，立子を結び止めると目が四つできるところから，四つ目垣というようになったと考えられる。

京都を中心とする関西では，四段の胴縁に対して立子を，柱の表側から，表二本，裏二本，表一本，裏一本，表二本，裏二本というように繰り返して結び止めて行く実例が多い。また，すべてを染縄結びとせず，上から二段目と，四段目を染縄でからげて行くことも多く行われていて，この手法を用いると垣が丈夫になると共に，景としてもまことに味わい深い垣となる。

住宅庭園では，前庭と主庭の境などによく使われるほか，簡単に作った四つ目垣は，苗木や若木によって生垣を作る場合の支えとしても利用される。

Lattice fences are the most familiar of all bamboo fences, using slender stalks of *madake*.

Popular since the Edo Period, they are indispensable as dividers for tea ceremony gardens. Tea ceremony gardens are typically divided into two parts, the outer garden and inner garden (where the participants sit), separated by a simple gate. This middle gate is frequently made of woven bamboo. Lattice fences are frequently used on both sides of the gate to divide the outer and inner gardens.

Lattice fences are generally preferred because visitors are able to see the inner garden from the outer garden, and also because the simple design, consisting of split bamboo pieces tied at right angles, goes well with the spirit of the tea ceremony. Lattice fences also harmonize well with middle gates made of woven bamboo.

Lattice fences are usually about 1.2 meters high, but there are lower ones as well. There are poles at each end, crossed horizontally by three or four bamboo stalks. The *karadake* vertical pieces are stuck into the ground at even intervals, alternating on both sides of the horizontal crosspieces. The upper ends of the vertical pieces are always cut just above the bamboo "joint" so there is no place inside where rain can collect.

仕切り垣 Boundary Fences

1. 通路と主庭を仕切る金閣寺垣

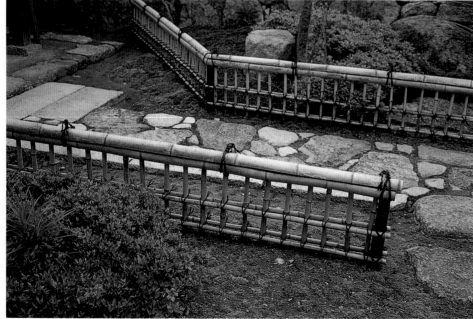

2. 前庭を飾る二段押縁の金閣寺垣

1. A Kinkakuji fence partitioning the walkway and main garden.
2. A two-tiered Kinkakuji fence decorating the front garden.
3. An orthodox Kinkakuji fence that turns corners.
4. Here is an "original" Kinkakuji fence on the Kinkakuji Temple grounds.
5. The Kinkakuji fence is a major attraction in this front garden.

4. 鹿苑寺庭園の金閣寺垣の本歌の一つ

3. 折り曲げて作った本格的な金閣寺垣

金閣寺垣をアクセントにした前庭
さりげない感覚の前庭であるが、斜めに構成した敷石の左手に極く
低い金閣寺垣を作り、正面から見た場合の景とした作例である。

5. 金閣寺垣の例。前庭のポイントになっている

完成パース　　　　Front court accented by a Kinkakuji fence

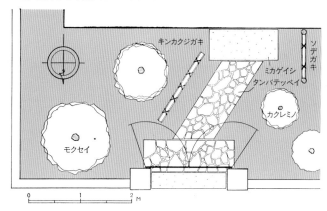

同左、平面図　　　Layout diagram of front court at left

●庭作りの最も基本的なテクニックの一つに、「仕切り」(あるいは"区切り"ともいう)がある。

この仕切りにも、塀や生垣のように完全に遮断するものから、庭の景色として主に美的効果をねらうものまで、いろいろな方法がある。

そのうちでも、門から玄関までの前庭は、特に仕切りが有効に用いられる場所といえよう。

主庭と前庭をどのように仕切るかということも重要だが、それとは別に、通路に沿って低い竹垣を配し、庭のアクセントにするのも、仕切りの大切な生かし方である。

前庭の主役は通路としての敷石や飛石だが、それに対して、立体的な効果を見せる竹垣の美はまことに効果的である。

京都など近畿圏では、特に竹垣の扱いが巧みであるが、そのなかでも、通路に沿わせるような低い竹垣"足下垣"の用い方が上手である。足下垣とは、人の、腰から下の位置に作られるところから、その名が出ている。これには、金閣寺垣、龍安寺垣、二尊院垣、ナナコ垣、などがあるが、最も多用されているのは金閣寺垣であり、龍安寺垣がそれに次ぐ。

また、足下垣ではないが、関西式の低い矢来垣も

高い位置でよく仕切垣として用いられている。

現在の一般住宅では、敷地面積の関係から前庭をあまり広くとれないことが多い。

そんな前庭でも、これらの垣を用いて仕切ることによって変化をつけ、かえって広く見せることができるのである。

もちろん前庭以外でも、仕切垣の用途は広く、金閣寺垣、龍安寺垣は、庭園の景として観賞用に生かされることも多い。

ここではまず、いろいろな金閣寺垣の用例を紹介し、次の頁では関西式矢来垣と龍安寺垣の景色を見ていただくことにしたので、その風雅な感覚がよく理解されるものと思う。いずれの例でも、周囲の景をよく引き締め、しゃれた空間を作ることに成功していると思う。

金閣寺垣は、京都市の名高い禅寺鹿苑寺(俗称・金閣寺)に本歌がある垣で、今も境内の東北部に作られている【写真4】。足下垣のなかでも上品で丈夫な垣であって、費用もあまりかからない。しっかりと作れば五年くらいは十分に持つので、一般家庭に向いた垣といえるであろう。

高さは30cmから80cmくらいまで自由になるが、50

cm前後のものが標準となる。柱と立子を垣の中心線に立て、上部と側面下に、かなり太いマダケを半割りにしたものを渡すのが大きな特色であり、上部の玉縁の重みのある感覚で、安定感ある姿に見せるのがこの垣の味わいである。

背の高い金閣寺垣の場合は、側面の押縁を割竹二段としたり、あるいは唐竹を二段にかける例、その他があって、本歌にも三種のものが見られる。

用途としては、最も前庭に向いている竹垣であって、作例もまことに多い。

龍安寺垣は、石庭で有名な京都市龍安寺に本歌がある垣で、その参道から石段方面にかけて長く作られており、まことに壮観である【写真8、9】。

高さは金閣寺垣とほとんど同じであるが、中心に立子を用いず、割竹を二枚合わせにしたものを矢来のように斜めに組み込んで行くのを特色とする。このようなものを"立子"に対して"組子"と称するのである。上には玉縁、下には押縁を用いるが、金閣寺垣よりは細目の割竹を使う。

龍安寺垣には、どちらかというと華奢な感覚があり、それが庭園の景色としての味わいを持っているので、よく主庭にも配されるのである。

8. 龍安寺石段脇の見事な本歌龍安寺垣

9. 本歌龍安寺垣の細部

6. 外部の仕切りとして作られた関西式矢来垣

7. 規模の大きな仕切りに用いられた龍安寺垣

10. クロチクの組子を用いた略式龍安寺垣

Boundary fences are one of the most basic elements of the Japanese garden. They are diverse, including walls, hedges and other complete dividing devices, as well as many that are purely decorative.

They are particularly effectively used in front gardens between the gate and the entrance to the house. They are used not only for dividing the front and main gardens, but also to delineate walkways and accent the garden.

The lines of low bamboo fences harmonize beautifully with the flat paving stones and stepping stones in the front garden, giving a dimension of depth to otherwise two-dimensional elements.

The low bamboo fences along walkways are known as *ashimoto* (foot-level) fences. There are many types, including Kinkakuji fences, Ryuanji fences, Nison'in fences and Nanako fences. The first two are the most common, both

deriving their names from famous Buddhist temples in Kyoto. Please refer to photographs one through 10 for their configurations. Photographs one through five show Kinkakuji fences, while seven through 10 show Ryuanji fences.

Boundary fences have a wide range of uses. Besides front gardens, they are often used for decorative purposes in main gardens. Kinkakuji fences range from 30cm to 80cm tall, averaging about 50cm. The vertical pieces and end poles are sandwiched between the crosspieces and capped by three lengths of large split *madake* (one on each side and on top). The *tamabuchi* (beading) on top gives it a heavy, stable appearance. Photographs eight and nine show some of the beautiful fences in Kyoto's Ryuanji Temple. The extremely long fence along the stone stairs is particularly impressive.

6. A Kansai-style *yarai* fence built to separate the lot from the street.
7. A large Ryuanji fence used as a partition.
8. An "original" Ryuanji fence, running proudly along a stone stairway on the Ryuanji Temple grounds.
9. Detail of a Ryuanji fence in the Ryuanji Temple.
10. An informal Ryuanji fence using black bamboo muntins.

目隠し　Blinds

1. 塀の上に鉄のアングルを立てそれに枠を取り付ける

2. それに割竹の立子を打ち付けていく

3. 上下に押縁を渡していく

4. 斜めの竹を取り付けて完成した網干垣

5. フェンスに細竹を結んでいく形式の目隠し手法

●庭園には，家庭内のプライバシーを，他人の目から守る緩衝地帯としての働きもある。

しかし，大都市に多い30㎡もないような小庭園の例では，どのようにして外部や，隣家からの目隠しをするかが難しい問題となる。

普通，目隠しとして多用されるのは樹木だが，小さな庭園の場合，隣家を隠すほどの植栽をしたら，それだけで庭がいっぱいになり，狭苦しく，暗い庭になってしまう。

だからといって，塀を高く作ると，どうしても威圧的な感じになり，庭に風情が出しにくくなる。

また，隣が特に接近した二階屋だったりすると，隠すことがまったく不可能ということにもなる。

このような時の一つの方法として，塀の上に特に目を引く造形を置き，そちらに目を集中させるようにすると，意外に効果の出ることがある。

写真1〜4は，目前に工場などの二階屋が迫っている都心の小庭に，そうした効果をねらって筆者が設計した目隠し竹垣の実例である。

まず，少し高めのコンクリート塀を作り，その上にモダンな間隔の竹垣（高さ90cm）をめぐらし，室内から見た時に，この竹垣に目が行くようにしてみ

た。この竹垣は"網干垣"といって，海岸で漁師が干している網の景を象徴している。この意匠は古くからあるが，京都修学院離宮中の御茶屋客殿の手すりに，これが使用されていることは名高い。

もちろん，竹垣はこれ以外のものでもよい。こういう目隠しに適した垣としては，鉄砲垣，竹穂垣，大津垣，檜皮垣，御簾垣，などがある。低い風雅な板塀を作るのも一つの方法である。

また，新築の時，庭を考える前に，とりあえず外構だけを完成しておく，という住宅も少なくない。

しかし，その後に庭作りを行った時，外構と庭園とが不調和になってしまう，という場合もある。

庭園を伝統的な日本庭園としたが，周囲の塀やフェンスの景と合わない，ということも少なくない。

写真5は，著者が施工したそんな住宅庭園のもので，二段積みのブロックの上に作られた高さ60cmのフェンスから通行人が内部をのぞけるため，ここを安い予算で目隠しすることにした。単に，フェンスに四つ目垣に使う唐竹を結び止めて行くだけのことで，写真は作業途中の景。丸竹なので裏表がなく，外部から見ても不自然さのないのが利点である。

簡単な工夫で，目隠しができる一例といえよう。

Normally, trees and hedges are used as blinds, but planting that many trees in a small garden could turn your garden into a dark, suffocating thicket. Also, raising the wall too high is oppressive and impairs the garden's atmosphere. Finally, if the neighbors have built a

One surprisingly effective approach in such situations is to erect something atop the wall that diverts people's attention. This creates a psychological impression of privacy without turning the yard into a fortress.

Photographs one through four are of a small inner city garden surrounded by factories and other two-storey buildings. Seeking to divert people's attention in the manner described above, the author designed a bamboo fence to use as a blind.

1. Angle iron is attached to the top of the wall and the wooden frame attached to the angle iron.
2. Split bamboo muntins are attached.
3. Top and bottom horizontal crosspieces are attached.
4. Sloping crosspieces are attached to complete the fence.
5. Sections of slender bamboo can be tied to a fence to create a blind.

袖垣 Sleeve Fences

1. 竹穂袖垣。前庭と主庭の境に用いた侘び好みの作例

2. 鉄砲袖垣。目隠しとしての作例

3. 竹穂袖垣。味わいよく仕上がっている

1. Rustic bamboo branch sleeve fence used between the front and main gardens.
2. *Teppo* ("gun barrel") sleeve fence, used as a blind.
3. Well-finished bamboo branch sleeve fence.
4. One type of "Korean" sleeve fence, serving both as partition and stylish accent.
5. Partially see-through spicebush sleeve fence.
6. One type of "Korean" sleeve fence using spicebush.
7. Short sleeve fence using Japanese bush clover and slender bamboo.
8. Classical sleeve fence made by a skilled bamboo craftsman.
9. Sleeve fence combining several fence types. Perhaps a bit overdone.

４．高麗袖垣の一種。仕切りとアクセントを兼ねる

５．黒文字袖垣。上を透かした意匠

６．黒文字を用いた高麗垣の一種

７．萩と細竹による短い袖垣

８．典型的な竹屋作りの袖垣

９．組み合わせ袖垣。少々凝り過ぎの感

● 竹垣を用途から分けると，囲い垣，仕切垣，袖垣，衝立垣，などに区別することができる。

その内の，袖垣という名は，短く作るところから出ているが，多くは建物に付属させ，柱や壁面に一方を接近させて用いる。そのため，その姿を着物の袖に見立てて，袖垣と称したものであろう。

袖垣の特色は，実用と美という竹垣の効果が，端的に示されているところにある。ごく標準的な袖垣の用法は，玄関脇などに目隠しとして配する方法だが，それと同時に，いかにも日本的な庭園装飾として生かされているという一面もある。

だから構成方法によっては，はるかにこの装飾性の方が大きいという例も多い。江戸時代には，書院の縁先手水鉢などに添えて用いることが，普通に行われるようになった。それには，その裏の目隠しを兼ねたものもあるが，中にはまったく景だけを目的として作られたものもあった。

袖垣は，遮蔽垣が原則であることはいうまでもないが，実例の上からすると，意外にも透かし垣の例も多いのである。透かし手法とするものは，区切りと景とを兼ねた作といえよう。

袖垣には，各種の竹垣が応用されるのであって，短く作ればほとんどの垣は袖垣になる。ただし，古い時代に最も多かったのは，侘び好みの柴垣の類であった。それは，袖垣が茶道の庭，露地において不可欠の垣であったこととも大いに関係がある。

それには，萩垣，黒文字垣，竹穂垣，なども含まれている。しかし，江戸時代末期頃から，次第に凝った感覚の袖垣が多くなり，何種もの垣を組み合わせたり，特別に細かい技法を見せるようなものが多くなってきた。

現在では袖垣というと，庭師が作るものよりも，竹屋などが専門に製作する例が増えてきている。

ただ，そのような袖垣は，細工は緻密だが，あまりにも整然とし過ぎていて，侘びの感覚がほとんどないことも事実である。竹垣は，袖垣に限らず，多少崩した味わいが求められるものであって，それが庭園ともよく調和するものだ。あまりに綺麗過ぎるものは，そこだけが目立ち，浮き上がってしまい，かえって庭の景と合わなくなるものである。

袖垣の種類として最も多いのは，鉄砲垣であり，萩垣や竹穂垣の類も少なくない。透かし垣としては高麗垣の類も多く見られる。また，窓をつけたような作例が多いのも，袖垣の特色といえよう。

Bamboo fences can be divided by application into enclosure fences, partition fences, "sleeve" fences and screens. Of these, "sleeve" fences are frequently attached to the sides of buildings. This makes them look like the sleeves of kimono, hence the name.

Sleeve fences are excellent examples of the utility and beauty of bamboo fences.

One of the most common uses of sleeve fences is to provide a blind for the house entrance. At the same time, sleeve fences seem to convey a quintessentially Japanese beauty.

In principle, sleeve fences ought to be screening fences, but in fact many of them are entirely or partially see-through, acting primarily as dividers.

Almost all kinds of bamboo can be used in sleeve fences, although in times past they were usually made of rustic brushwood, and no *roji* (tea garden) was without them.

Sleeve fence construction is detailed, but if they are made with too much precision their appealing rusticity is diminished. Not just sleeve fences but all bamboo fences suit Japanese gardens best when they have a bit of casual irregularity about them.

飾結び Decorative Knots

1．本格的な玉縁飾結びの技法，"いしだたみ"

2．押縁に用いた創作的な"胡蝶結び"の例

3．標準的な金閣寺垣玉縁の飾結び

4．同，上から見た景

5．染縄。やや太目のもの

●著者は，かなり以前から竹垣に注目し研究を続けてきたが，最近では日本庭園の他に，中国庭園の研究を進めている関係で，中国での竹垣の現状にも興味を持って資料を集めている。

中国も竹の国だから，古くから竹垣が用いられたのは当然である。しかし，現在見る限り，中国の竹垣は一定のパターンが決まっており，日本のような各種の繊細な竹垣は見られない。

そして最も日本と異なっている点は，縄結びというものがほとんど見られず，大部分は針金結びとされていることである。

日本の竹垣を見ると，その味わい深い造形や，高度な技術もさることながら，そこに等間隔に結ばれた縄の景色に特色があり，竹垣の最もよきアクセントになっている。

縄結びは，当然，竹垣を丈夫に固定する役割を持っているが，それと同時に，景としても竹垣のまことに重要なポイントになっている。このような美しい縄掛けを"飾結び"という。

飾結びには，通常，"染縄"という黒く染めた縄【写真5】が用いられる。これを一般にシュロ縄といっているので，シュロの繊維で作ったものと思って

いる人も多いが，今ではほとんどがヤシの繊維の代用品であり，実際はヤシ縄，パーム縄というべきものである。

これを黒く染めるので，普通は染縄といっており，この黒い色が竹垣とよく調和するのである。

最近では染縄の品質が極度に悪くなってしまい，よい仕事がしにくくなっているのも事実である。

その他昔は，ワラビ縄や，藤つる，なども使われたが，今では一部の袖垣に用いるくらいである。

この染縄を用いた飾結びは，最も基本的な技法であるイボ結び（男結び，ともいう）を基礎としてさまざまな結び方がある。その技術の習得が，庭師の必須条件といってもよい。最もよく見られるのは玉縁の上に結ぶ飾結びで，これにも数種がある。

ここに紹介したのは，いずれも著者の作例であって，写真1が，最も本格的な技法の一つ"いしだたみ"という結び方である。写真3と4は，通常の飾結びであるが，すっきりと美しく結ぶのはなかなかむずかしい。写真2は，創作的な結び方で，胡蝶結びの一種である。飾結びは，前述のようにイボ結びが原則なので，まずそれを覚えて，しっかりと締まるよう，訓練することが大切である。

Besides intriguing shapes and sophisticated construction techniques, bamboo fences are accented by cords tied in a variety of interesting ways. While serving to hold the fence firmly in place, these cords also have important aesthetic functions as decorative knots.

Decorative knots usually use stout, rot-resistant hemp palm cords that have been died black (photograph five). The black cords contrast beautifully with the color of bamboo. The basic knot-tying technique produces an especially large knot known as *ibo musubi* (lit. "wart knot"). There are many variations on this kind of knot, which is most prominently seen atop the fence beading.

The examples shown herein were all made by the author. The knot in photograph one is tied by one of the most orthodox methods, known as *ishidatami* (lit. "stone pavement") tying. Photographs three and four show more common ways of tying.

1. *Ishidatami*, one orthodox method of tying decorative knots atop beading.
2. One decorative butterfly knot used on a crosspiece.
3. Decorative knot on a conventional Kinkakuji fence.
4. The knot at left, as seen from above.
5. Stout died cord used for knotting.

塀　Walls

1．タイル塀。白系統とグレーの色彩配置が美しい

2．煉瓦タイル塀。白壁を取り入れた構成

1. Tiled wall with beautiful balance of white and gray.
2. Brick tiled wall neatly encompassing a white wall.
3. Brick tiled wall, with vertical tiles. Includes fences.
4. Brick tiled wall with interesting color variations.

3．煉瓦タイル塀。縦張りでフェンスを組み込む

4．煉瓦タイル塀。焼き色の変化ある構成が見所

5．タイル張りと大谷石塀の組み合わせ

6．石積みとタイル塀の組み合わせ

7．煉瓦塀。空間を取って積んでいる

8．煉瓦塀。ごく一般的な積み方である

5. Combination of cut stones and tiles.
6. Combination of stone masonry and tiles.
7. Brick wall with spaces among the bricks.
8. Conventional brick wall.

9. Limestone wall. Susceptibility to corrosion is a problem.
10. Pleasing composition of a scraped white wall and planter made with Western tiles.
11. Whitewashed wall topped by Western tiles.

12. Opulent roofed mud wall atop heading bond wall.
13. High concrete wall with sprayed finish.
14. Orthodox roofed mud wall with outstanding stone masonry.

●住宅の周囲を囲うものには，大きく分けると，塀，フェンス，竹垣，生垣，などがある。

その内で，最も耐久性に優れているのは，塀だといってよいであろう。

塀にも，種類はまこと多く，石塀，煉瓦塀，石張塀，タイル塀，土塀（築地塀），塗り塀，板塀，コンクリート塀，ブロック塀，などがある。

この中で，板塀を除けば，長期間の保存に耐えるが，美観という点からいえば，コンクリート塀，ブロック塀，などはあまり賛成出来ない。

ブロック塀を用いても，特に通りなどに面した部分では，必ず表面に塗りを掛けたいものである。

町の美観というものは，やはり，それぞれの住宅の囲いによって決まってくる面も大きいので，ぜひそのあたりを考慮してほしい。

各種の塀の内でも石塀は最も重厚で，和風住宅にはよく調和する。石塀の種類は多く，切石を積み重ねるものから，石垣積みとするもの，薄い石を重ねていく小口積み（小端積みともいう）などがある。

全体に地味な色調だが，その渋さがかえって好まれるのである。ただ，一時期，関東方面を中心に多かった大谷石塀は，近年大谷石の材質が悪くなり，

保存に難があるので，あまり推奨はできない。

これに対して，煉瓦塀はぐっと洋風になる。洋風にもいろいろあるが，あえていえば，西欧風な古典的感覚がにじみ出ているように思う。

これとは別に，現代的なモダンな感覚を求めたい時には，タイル塀が最も適しているようだ。

最近はタイルメーカーも，新しい製品開発に力を入れており，さまざまな種類，形，色のタイルが市販されている。したがって，これらを組み合わせ，いろいろな形式の塀を作ることができる。

最近の新しい住宅地を歩いてみると，このタイル塀に，デザインの美しいものが多くなったことに驚かされる。一見すると煉瓦塀のように思われるものでも，いわゆる煉瓦タイルで造ったものが多くなっている程である。タイル塀で特に注目したいのは，その色彩の豊富さである。これは，他の素材にはない特色といえよう。

塗り塀も，かなり多いが，現在ではコテ押えのものは少なくなり，掻き落し手法や，吹き付け手法のものが多くなっているようである。

現代は住宅建築にも美的主張のあるものが多いのだから，塀にもぜひ個性を持たせたいものである。

Residential properties are generally surrounded by walls, metal fences, bamboo fences or hedges. Of these, walls are the most durable. Many kinds of walls can be used, including stone, brick, stone pitching, tiled, mud, painted, board, concrete and cinder block walls.

Of these, stone walls are the most massive and best match traditional Japanese houses. By contrast, brick walls give a classical West European flavor.

For a modernistic effect, tiles are best, and possess colors and characteristics not obtainable from other materials.

Except for wooden board walls, all the materials mentioned above are durable, although from the standpoint of aesthetics concrete and cinder blocks have little to recommend them. The wall is something you and others must look at constantly, so you would be well advised to make one that is aesthetically appealing.

9. 大谷石塀。下側の風化が早いのが難点

10. 掻き落としの白塀と洋瓦・植マスの構成がよい

11. 白塗りの塀。上に洋瓦を渡した例

12. 築地塀。豪華で高さもあり，下は小口積みとする

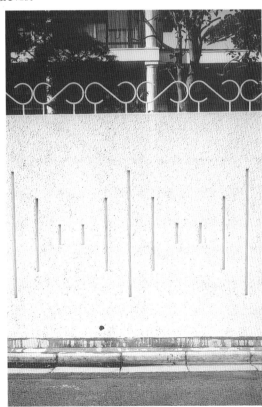

13. コンクリートに吹き付けを施した高塀

14. 本格的な築地塀。下の石積みが見事である

フェンス Western Style Fences

1．細かい横目のフェンス。バラをからませている

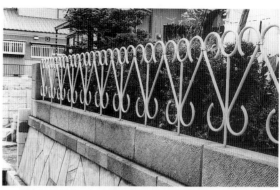

4．フラワーフェンス。基礎の石との調和が見所

5．古典的感覚のフェンス。塀の上に用いた例

2．アクリル板を張った目隠しフェンス

3．正方形の編み目フェンス。塀とのバランスがよい

6．モダンな感覚のフェンス。アプローチでの構成

●フェンスは本来洋風のものであり，しゃれた現代風の味わいが好まれている。

フェンスという語は，広い意味では垣や柵を意味する。それには，あくまでもその形の美しさで見せる装飾的なものと，外部からの侵入を防ぐ目的のものとがある。後者の意味"ディフェンス"が，フェンスの語源である。日本独自の垣である竹垣は，英語ではバンブーフェンスといわれる。

しかし，現在では一般に，金属製の柵（パイプフェンス等）や，太い針金による編目状のもの（ネットフェンス，メッシュフェンス）をフェンスと呼んでおり，今では，住宅の外構工事に，なくてはならぬものとなっている。

その反面，邸内をのぞかれるということで，プライバシーを尊重する人には嫌われることもあった。

だが最近では，いろいろな形式のフェンスや，その用法が考案されてきたので，場所に応じて多くの使い分けができる。

プライバシーの点では，アクリル板を張った目隠しフェンス【写真2】もあるし，細かい編目であまり中が目立たないものもある。

また，用法として塀の上に取り付けるのに適している低いフェンスもある。

その生かし方次第で，意外によい景を見せることが可能だが，最も効果的なのは，住宅が敷地いっぱいに建っているような場合であろう。

そんな時，塀などを作ってしまうと，あまりにも狭苦しくなってしまうおそれがある。

写真1などは，まさにそのような一例で，住宅の外壁に接するようにフェンスを作り，そこにバラをからませることによって，目隠しの効果も出している。この場合，建物の色に合わせて，フェンスも白としたのがよい。

最近では，フェンスにも地味な色彩のものが増えてきており，それだけに和風住宅にも取り入れられる傾向がある。しかし，洋風感覚のフェンスということになると，どうしても白のフェンスには伝統的な味わいがあり魅力的である。

建物の色との調和も，よく考えるべきだが，最近では形だけでなく，色彩もかなり豊富であり，カラーフェンスと称するものもある。だから，フェンスを作りたいと思った場合には，一社ではなく，各メーカーのパンフレットを取り寄せ，よく検討してみることが大切である。

Although the word "fence" is a broad term, this section focuses on modern and traditional Western-style metal fences, which can lend an attractive accent to your garden. The types of fences most commonly used around houses in Japan today are wire net ("Cyclone" type) fences and pipe fences.

Some people dislike fences because they afford little privacy, but their popularity is growing and today many varieties are available for a wide range of applications. For greater privacy there are fences with opaque acrylic panels (photograph two) and also finely woven fences that are difficult to see through. You can also get low fences for installation atop walls.

Depending on how you incorporate them, fences can make a charming addition to a garden. Photograph one is a case in point.

1. Fine fence with openings running horizontally, intertwined with roses.
2. Blind fence using acrylic panels.
3. Square woven fence. Balances well with the wall.
4. Flower fence. Harmonizes well with the foundation stones.
5. Fence with classic styling atop a wall.
6. Modernistic fence along the approach to the house.

和風の門 Japanese Style Gates

1. 石張りの門柱に，本格的な和風屋根をかけた門

2. 美しい脇門。築地塀の中に用いている

1. Stone-veneered gateposts with authentic Japanese style roof.
2. A beautiful side gate. It is used in a roofed mud wall.

3. 数寄屋門の一例。壁構造と瓦屋根が特色

4. 丸太柱を生かした幅の広い門

5. 数寄屋門。土塀と両脇の垣がよく調和する

6. 石積みの門柱に屋根をかけた形式

7. 庭門として作られた珍しい石門

●住宅地等を歩いていて、「なかなか，感じのいい家だな」と思うのは，建物の良さもさることながら門構えによるところがかなり大きいようだ。

その家の第一印象は，やはり道路に面して特に人目をひく，門によって決まることが多い。

よい感覚の門だと，見知らぬ家であっても，その前を通るのが何となく楽しみになってくる。

門は大きく分類すると，和風のものと，洋風・現代風の門【次項】に分けられる。

和風の門では，昔は本格的な屋根をかけた木造の門がずいぶん作られたものであって，そこには必ず役木としてのマツやマキが植えられたのであった。これを門かぶりの松などといい，今でもこれを守っている家は少なくない。

現在では，このような和風で木造の門は次第に少なくなってきているが，それでもまだその造りを愛する人は多く，和風住宅にはやはりこの種類の門がよく調和するのは当然のことといえよう。

ここでは写真によって，和風に作られた門の実例を数例紹介し，その雰囲気と構造美を見ていただくと共に，もう一種の門である，庭門についても見ていくことにしたい。

庭門とは，前庭等から主庭方面に出入りする門のことであって，これには柱に板戸や枝折戸を用いた門もある。簡単な屋根をかけたものには，落ち着いた味わいが見られるものである。

しかし今日では，門の主体が木造から次第に離れてきていることも否定できない。高価である上に，耐久性に問題があるというのがその最も大きな理由であろう。

そこで最近，大手メーカー等では"数寄屋門"等と命名した，アミル製の屋根付門を発売している。

多く普及しているアルミサッシの感覚を，門に応用したものといってよい。

このようなものだと保存はよいが，金属独特の冷たさがあるのが欠点である。各メーカーでは色を工夫するなどして，冷たさを極力緩和することに努力している。ただ，金属では，どうしても木造のようなあたたかさを出すことは不可能なので，好みの分かれるところであろう。

木造の門を簡略化したものに，木製の四角柱を立て，上部に貫を通した，いわゆる"冠木門"もあるが，住宅等には少々武骨な感じがあるので，あまり使われていない。

このような，門柱式の門では，現在では石造りのものがかなり広く見られる。

門というものは，左右に門柱があり，それに扉を付けたものが本来の姿であった。

だから石造門柱は，門としては伝統的な様式といえるが，最近はこれにもずいぶん既製品が出回るようになってきており，中には高価な割に安っぽく感じられるものもある。

石造門柱では，洋風感覚に属するものも多いが，小口積みや石積み形式の門には，和風感覚のものもかなり見られる。

門は，その家の象徴でもあるから，建築に合った形式のものを，経験豊富な専門家に新たに設計してもらうこともまことに大切である。

その場合，本格的な木造の門は建築設計事務所や大工さんの分野となるが，簡単な形式の，例えば丸太柱に扉を付けたような門ならば，造園関係者にも製作できる。

また，石造の門なども，造園の分野と考えてよいが，実際はその設計によって，石屋さんが工事を行う場合が多い。

しかし，庭門は昔から庭園関係者の分野とされてきた。庭門には，露地の中門と共通するものや，屋根に丸竹を使用したものなど，作庭の技術を応用したものが少なくないのである。江戸時代の作庭秘伝書『石組園生八重垣伝』にも，この庭門として，行之木戸，萱門，穴門，枯木戸，利休木戸，等の種類が解説されている。

8. 枝折戸を用いた庭門形式の門

10. 檜皮葺きの庭門。勾配が強い屋根となる

9. 本格的な柿葺きの庭門

11. 檜丸太と檜皮葺きの簡素な庭門

Gates can be broadly classified into two categories: Japanese style and Western/modern style (covered in the next section).

In the past many Japanese style gates were built of wood with authentic roofs, nearly all of them with high grade cedar or spruce planted for the *yakugi*. Known as *mon-kaburi no matsu*, these can still be found in many homes today.

While in modern times such wooden Japanese style gates are gradually becoming less common, it must be said that such gates are still loved by many. Let's examine a few examples of Japanese style gates through pictures, considering their atmosphere and structural beauty, as well as another type of gate, the garden gate (*niwa-mon*).

Garden gates stand between the front garden and the main garden. These include gates using plank doors and split bamboo for gateposts. Such gates with simple roofs have a simple, sedate atmosphere.

However, wooden gates are becoming less common these days, because they are both more expensive and less durable than the alternatives.

Recently major manufacturers have introduced aluminum roofed gates dubbed *sukiya* gates. These are essentially an extension of the thinking behind highly popular aluminum home siding to the garden gate.

While these gates are durable, they suffer from the coldness characteristic of metal. Accordingly, the manufacturers try to bring out warmth by painting them different colors.

There are also so-called *kabuki* gates, simplified wooden gates with square wooden gateposts and a brace passed through the upper part. These, however, are a bit rustic for houses and thus are not very widely used.

Stone is frequently used for such gateposts today.

Originally, gates had gateposts on each side and a gate door. Accordingly, stone gates are firmly within the gardening tradition, but recently many of them are "mass produced" and some even have a cheap look despite their high cost.

Many stone gates are properly classified as Western style gates, but not a few piled stone gates have a distinctly Japanese feeling.

3. One example of a sukiya gate. Note the unique wall construction and tiled roof.
4. A broad gate making full use of log gateposts.
5. A sukiya gate. The earth wall and fences on each side match nicely.
6. Stone gateposts with a roof.
7. An unusual garden gate made of stone.
8. A gate in the garden gate style, using split bamboo.
9. A gate with an authentic thatched roof.
10. A roof thatched with cypress bark. Such roofs have a steep pitch.
11. A simple, unassuming garden gate of cypress logs and cypress bark thatch.

洋風・現代風の門 Western Style Fences

1. A Western-style arched gate.
   There is a pleasing harmony
   with the Western roof tiles and
   the Western lamp.
2. A simple brick gate.
3. Archaic Western-style stone
   gateposts.
4. An unusual Western-style stone
   arch.
5. Western-style colored cut stone
   gateposts.
6. This gate sports steel doors and
   a modernistic roof design.
7. Limestone and aluminum doors
   match well.

１．西欧風のアーチ門。洋瓦と洋式門灯もよく調和する

２．煉瓦だけでシンプルに構成した門

３．古い洋式の石造り門柱

4. 珍しい石造りの洋式アーチ門

6. 鉄製の扉と，屋根の構成がモダンな門

5. 色石の切石を積んだ洋風門柱

7. 大谷石とアルミ門扉の調和がよい門

●日本人の住いに対する好みはさまざまだが，近年は，次第に洋風の家を好む人が増えているようだ。

そのため，庭もできるだけ洋風，現代風にしたいと望む人が多くなっている。しかし，そんな場合，作庭家はいろいろ苦心させられる。

一昔前までは，広い芝生敷きの庭が洋風の象徴のように考えられていたこともあった。しかし，今日では，その程度のものではとても通用しない。

一口に洋風庭園といっても，その洋風という内容には，各国さまざまな様式があり，例えばヨーロッパの庭園といっても千差万別である。

また外国の庭園様式を，そのまま風土文化の異なる日本に取り入れてほしいといわれても，簡単にできるものではない。

また，住宅敷地の広さを比較すると，総体的には日本の方が狭いことは否定できないので，やはり日本化した洋風というものが基本になると思う。

洋風を好む人にも，まずそのあたりをよく研究して，どのような感覚のものが好きかを，十分設計者に話していただくことも重要である。

海外の狭い土地をよく生かした庭園としては，スペイン，ポルトガルなどの庭園の特色であるパティオがある。

パティオとは，スペイン語で，主庭として作られる一種の中庭のことである。敷石敷きの中に，花や彫刻，小池や噴水などを飾る形式が多い。

どちらかというと装飾的な庭で，中南米などでも流行し，日本でもこのパティオ式の庭園を好む作庭家が近年増加している。

さて，このような洋風庭園を作った場合，特に気になるのは，門をどのように庭と調和させるか，ということであろう。

こういう場合，多くは現在多数販売されている，アルミ鋳物門扉などを取り付けているが，それはあくまでも門扉の洋風化にとどまっており，門とその周囲全体を洋風感覚としたものは案外少ない。

写真1に紹介した門は，塀の内部をアーチ形に抜いて，上部にもアーチ曲線に合わせたカーブを付け洋瓦葺きとしている。上部に洋式の門灯を付けているのも味わい深い。門扉に門の全体をふさぐ背の高いものを使っているのもよい。また，コテ押えの白壁もよく映える色調であり，景観としても特に優れていると思う。

ただし，どことなく異国風で，ヨーロッパ的な感覚のこうしたアーチ門は，隣国の中国にも多く作られていることは，あまり知られていない。

日本でも禅宗寺院などに，時々これに似た形式の門を見かけるが，それはもちろん洋風を意図したものではなく，中国風の好みとして作られたものである。こうした門を日本では普通"穴門"といっているが，中国ではこれを"洞門"といい，庭園の主要な景観ともなっている。

もっとも，中国のこの洞門は，このようなアーチ形以外にも，円形，八角形，長方形，花瓶形，ひょうたん形，炎形，などさまざまで，変化に富んでいるのが特色である。

また，このようなアーチ形の出入り口は，門ではないが，日本独特の建築である茶席の中に，"花頭口"として応用されているのも興味深い。

ここでは，洋風の代表的な門の形式を数例紹介しておいた。さらには，現代風で最近の住宅にもよく調和する門も，写真によって少々見ていただくことにする。最近の一般的な門の傾向は，塀の一部をそのまま門にしたようなものが増えていることである。素材にも，石張り，タイル張り，洗出し，モルタル仕上げなどの種類がある。

8. 石積み門柱による, 美しい構成の門

10. タイルを縦張りにした門柱と門扉

9. 小口積み門柱とアート調門扉による門

11. スッキリとした白タイル張りの門形式

Japanese tastes in housing vary considerably, but in recent years Western style homes are becoming more popular. Accordingly, more people are interested in making their gardens as "Western" or as "modernistic" as possible.

"Western" is a convenient catch-all for many different styles and customs. Continental Europe alone has many different styles, developed at different times and in different places. Furthermore it may be deemed desirable to modify some aspects of these approaches when introducing them to Japan, which has yet a different climate and culture. So successfully "Westernizing" a Japanese garden is not necessarily easy.

Comparing the spaciousness of garden plots, Japan is generally more confined than Europe or America. Thus the "Westernization" of your garden will have to be modified to accommodate the realities of living in space-starved Japan. (These constraints may not apply if you are gardening in another country, however.)

Some European gardening techniques are readily adaptable, however. One example is the

Spanish and Portuguese patio. The patio is the open inner court of a building, which is frequently decorated with flowers, statues, ponds or fountains. It dates from ancient times and is still popular in many parts of the world influenced by Spanish and Portuguese culture.

One problem sometimes faced when introducing these Western elements is how to design the gate so everything harmonizes well.

Many people take the coward's way out by buying a prefabricated extruded aluminum gate. While they may be "Western," they frequently fail to achieve a pleasing Western-style harmony with the surroundings.

The gate shown in photograph 1 makes use of a curved gate in an arch tiled with Western-style tiles. The addition of a Western-style lamp is a very appropriate accent. The large gate filling much of the wall is also a good design choice. Finally, the color and texture of stucco wall completes the picture.

The other pictures show just a few of the many possibilities of Western/modernistic gates. The use of such elements in your garden poses

quite a challenge, but when done well the results can be striking.

8. A beautifully designed gate of piled stones.
9. A gate of piled stone slabs, with an art decor door.
10. Gateposts with a veneer of tiles running vertically.
11. A smart-looking white tiled gate.

門扉 Gate Doors

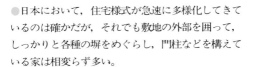
1．洋風門扉。荘厳な感覚がある

2．白色の装飾的門扉

3．内部に飾りのある門扉

4．落ち着いた意匠の門扉

●日本において，住宅様式が急速に多様化してきているのは確かだが，それでも敷地の外部を囲って，しっかりと各種の塀をめぐらし，門柱などを構えている家は相変わらず多い。

本来，木造が主流であった日本の住宅は，建物自体が柱主体の構造であり，外側にも縁や雨戸のような引き戸が設けられるのが普通であった。したがって，戸を開ければ，広々とした開放部が出現するのが大きな特色といえる。

そのために昔の住宅は，塀までを住いと考え，塀が外壁がわりになる，という傾向を持っていた。したがって，日本住宅に多い遮蔽された空間と塀が，閉鎖的だと考えるのは少々的外れといえよう。

それに対して洋式住宅は，基本的に壁構造でありドアーが出入り口とされている場合が多い。

各部屋が独立した箱のような構造になっているため，建物の外壁自体がそのまま外部との境界として扱われる場合が多く，建物と庭園とのつながりはどちらかというと希薄である。そのために，その分だけ外の囲いは開放的になるという傾向がある。

西欧の住宅地を見て，敷地内部を遮るような明確な囲いがなく，まるで公園のようだと感心する人も

少なくないようだ。敷地の広さだけでなく，そこにこうした囲いに対する東西の考え方の差があることも理解してほしいものである。

しかし最近は，そんな洋風の感覚を取り入れて，できるだけ明るく，開放的ですっきりした門や塀にしたい，という考えの人が若い世代を中心に増えてきている。

新しい住宅地を歩くと，ここに紹介する門扉にも以前とは違った傾向が出てきていることに気付く。

総体的に，フェンス式の鉄製，鋳物製，アルミ製などの門扉を取り付けた家が，極端に多くなってきているのである。このごろは和風の門であっても，保存の関係から木製の扉は少なくなり，かなりフェンス式のものに移行しているようだ。

そのため各メーカーでは，いろいろな好みに調和するように，各種のデザインを発売している。特に軽くて腐食しにくいアルミ製門扉には人気がある。したがって住いが洋式主体で，洋風の感覚を出したい時は，できるだけ西欧風の飾りのあるものや，白塗の門扉を選ぶとよい。

和風の場合は，色の地味な茶系統や黒の門扉も多く発売されている。

Even as the modes of Japanese housing diversify, the tradition of enclosing the lot with a wall, which dates back to *samurai* days, still continues strong. Regardless of the design of the house itself, many homes continue to boast impressive walls and gates with interesting doors and gateposts. Recently more people, especially younger people, want Western-style houses that incorporate more of the openness and brightness associated with traditional Japanese construction. Accordingly, they also want to surround the lot with a wall.

If you walk through newer residential neighborhoods in Japan, you can see the emerging trend in gates: many houses have gates of cast iron, aluminum, or fence-type steel construction. Even in the case of Japanese-style gates, there is a shift away from wood gates in favor of fence-type construction, because the latter lasts longer.

1. This Western-style gate has a dignified air.
2. The white color of this gate is highly decorative.
3. This gate has interesting details.
4. A staid, elegant gate design.

通路 Walkways

飛石 Stepping Stones

1. 露地の自然石飛石。大小の変化が美しい

1. Natural stepping stones in the *roji*. The variation of large and small stones is beautiful.
2. Smallish natural stepping stones.
3. Stepping stones in a *karesansui* (dry Japanese garden.)
4. Excellent cut stepping stone arrangement at Katsura Detached Palace in Kyoto.
5. Large blue stepping stones.
6. Blue stepping stones in *shikizuna* (spread gravel).
7. Orderly cut stepping stones in the front garden.
8. Stepping stones built into stone stairs.
9. *Sawawatariishi*, a type of stepping stone for crossing water.
10. Modernistic *sawawatariishi*.

2. 小ぶりな自然石飛石の造形

3. 丹波鞍馬石の飛石。枯山水の一景となる

4. 名高い切石飛石の構成美。桂離宮庭園（京都市）

5. 大ぶりの青石飛石による庭園造形

6. 敷き砂の中に打たれた青石飛石

7. 切石を連ねた前庭の飛石

8. 斜面に打った形式の飛石段

9. 流れを渡る飛石の一種，沢渡石

10. 近代的に構成した沢渡石

People frequently ask me what is the key to creating a good garden. This is a complex question and the answer is not always the same, but in general this writer thinks it is safe to say that the key·is beautiful planes (flat surfaces).

Trees, rock formations, fences and walls have a three-dimensional beauty. But if one gets too carried away with such three-dimensional formations, even a veteran gardener stands to fail.

Beautiful three-dimensional formations need to be rooted in a beautiful two-dimensional plane. This is why the best gardeners are most fastidious in creating ground plans.

Planar beauty is the beauty of allocating two-dimensional space. In gardening jargon this planar design is called *jiwari* or "land allotment."

Whenever visiting a garden, be sure to pay attention to how this is handled.

Among Western gardens, geometric formal-style gardens, such as those of Versailles, represent a type of planar beauty, although much different from that of Japanese gardens.

Among the characteristics of traditional Japanese gardens is a preference for dynamic asymmetry and abstract beauty. The stepping stones shown here represent one way of enhancing a garden's planar beauty.

Stepping stones became popular in the Momoyama Period, when *roji* (tea gardens) were developed as an adjunct to the tea ceremony. Stepping stones were used to guide guests through the garden to the tea ceremony room. During the Edo Period, the use of

stepping stones spread from the *roji* to gardens in general.

Stepping stones are meant to be stepped on. Thus they should be selected and arranged with ease of walking in mind. Many tea ceremony guidebooks discuss the proper placement of stepping stones, and their placement can make or break a *roji.*

But in addition to their practical function, stepping stones also have an aesthetic function. They have a sort of visual rhythm that holds together the garden space. Thus they are surprisingly important.

As shown in the diagram on page 58, there are various ways of arranging stepping stones.

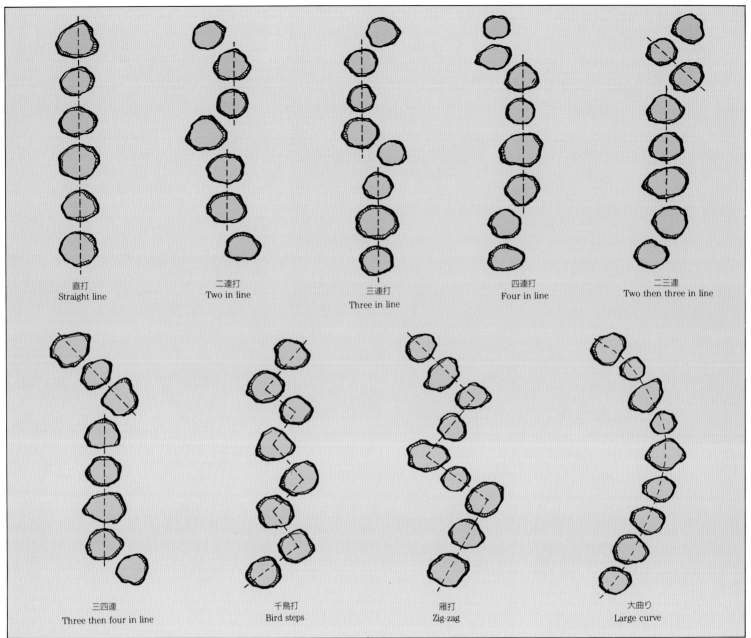

直打 Straight line	二連打 Two in line	三連打 Three in line	四連打 Four in line	二三連 Two then three in line

三四連 Three then four in line	千鳥打 Bird steps	雁打 Zig-zag	大曲り Large curve

基本的な飛石の打ち方　　　　　　　　　　　　　　　　　　　　　　　　　　Basic Ways of Laying Stepping Stones

● 庭作りのポイントはどこにあるのか，という質問をよく受けることがある。これは場合によって違うので，かなり難しい問題であるが，著者は一般論として，「最も大切なのは平面の美しさです」と答えることにしている。

　樹木，石組，垣根，塀，などは，たしかに立体的な美しさといえる。しかし，最初からこの立体造形にとらわれ過ぎると，専門家でも庭作りに失敗することが多い。

　立体というものは，実は美しい平面の上で，初めてその美を発揮するものなのである。

　だから，一流の作庭家は，平面図の作成に最も神経を使うのが当然である。

　平面の美しさとは，平面空間の取り方の美しさだと断言してもかまわないと思う。こういう平面設計を，専門用語では"地割り"という。

　これは，庭園を見学する時にも重要なものになるのであって，京都などの名園をめぐった時，地割りが見えるようになれば，もう一人前といえる。

　洋式庭園でも，フランス式庭園の幾何学的な整形園などは，平面美の代表作例といえるが，日本ではそのような整形庭園は見られない。

　昔から日本庭園は，平面に非対称で抽象的な美しさを好んだのが大きな特色である。

　平面の美しさを演出する造形の内でも，ここに紹介する飛石の美しさは，今では日本庭園の大きな特色の一つとなっている。

　この飛石は，古くは庭園の中に存在しないものであったが，桃山時代に茶の湯が成立し，茶のための新たな様式の庭として，露地（茶庭）が作られるようになると，客が茶席に到る道筋に，この飛石が用いられるようになったのである。

　そして，江戸時代には，露地から一般の庭の中にも飛石が導入されていったのであった。

　飛石はいうまでもなく，その上を歩くという実用目的のものである。したがって，歩きやすさということが最も重視されるのであり，露地における基本的な大切な通路として，茶書などにも多くの記載がある。また，その中には"役石"という一定の役割を持った石があって，その配置の方法が露地の善し悪しを左右する程である。

　しかし，飛石には当然景としての目的もある。独特なリズム感のある感覚で，空間を引締める大切な役割を持っていることはいうまでもない。

　昔は，歩きやすさという実用面を"渡り"と表現しており，景との割合を古書にも，それぞれの茶人の考え方によって「渡り六分に景四分」とか，「渡り四分に景六分」というように表現している。

　これは，露地における飛石を言ったものであるが，一般庭園では，かなり景としての割合が重視されるのは当然といってよい。

　また，飛石を据えることを"打つ"と表現するのも，独特な日本的感覚といえよう。

　飛石の打ち方は，上の図によって明らかと思われるので，別の飛石の分類についてふれておくと，それには，自然石，半加工石，加工石，切石，の四種がある。自然石はまったく天然のままの石を用いたもの，半加工石は自然石の周囲だけを加工したもの，加工石は全体を円形に加工したもの，切石は方形に仕上げたものである。

　また種類は，各地でさまざまの石が使われているが，多量に産出するものは意外に少ない。

　名高い鞍馬石（京都産）などは，希少価値になっているし，それに代わる名石，丹波鞍馬石（亀岡市産）も産量が少なくなった。今関東方面で最も多く使われているのは甲州鞍馬石（山梨県産）である。

敷石 Paving Stones

1. 味わい深い寄石敷きの好例。桂離宮庭園（京都市）

1. A fine paving stone specimen in Katsura Detached Palace.
2. Large cut andesite stones set at random.
3. Cut paving stones in front of the gate. Note the series of shallow steps.

2．門前の大判鉄平石による切石乱敷き

3．段をつけた門前の切石敷き

4. 石の大小の変化が美しい寄石敷き。桂離宮庭園

5. 寄石敷きを生かした美しい通路の景

6. 縁に切石を用いた，見事な自然石敷石

7. 内部に切石と瓦を配した寄石敷き

●日本庭園は総体的に地味好みであり，色調も自然の生み出す色が特に大切にされてきた。この敷石もその例にもれない。

それは，敷石が，飛石と同じく茶道の庭である露地(茶庭)において，本格的に用いられた造形であったことと大いに関係がある。"侘び"・"寂び"という感覚から，露地では派手さは嫌われたので，あまり人工的な色彩の美しさには注目されなかった。このような伝統は，今日においても生き続いている。

しかし，住宅建築が多様化し，モダンアート的な感覚が大いに好まれる時代には，それに合わせ，伝統的な庭園の中にも，色彩美をもっと取り入れてよいのではないか，と考える人も増えてきている。

庭園も時代と共に進歩するのが当然で，いろいろと新しい試みがなされてよい思う。

ただ日本庭園の造形は，長い年月をかけて洗練されてきたものなので，あまり派手な色や，現代的な素材が調和しにくいのは確かである。できるだけ，天然素材の持つ色彩感を生かし，あとはデザインの美しさによって特色を出すべきであろう。

そのような場合，最も美しい効果が得られるのはこの敷石の造形である。

主に露地に用いられた敷石は，侘び好みの自然石敷石が中心であったが，江戸時代初期頃になると，一般庭園にも広く導入されるようになり，切石を使った造形的な敷石も，多く作られるようになった。

桂離宮庭園(京都市)の敷石などはその代表的なものであり，実用と美が見事に調和した作例として特によく知られている。

敷石がよく使われるのは，園路，軒内【別項】，前庭の通路【次項】，露地の一部，などであろう。

最近では，庭園の景色として生かされている敷石の例も少なくない。

敷石という用語は，よく"石敷き"と間違われることがある。しかし，石敷きというのは，庭園の分野では，石を固定せずに全体に敷き詰めたようなものをいう。例えば，枯山水庭園に小石を敷いたようなものがそれである。

敷石は，どのような石であっても，しっかりと固定して敷くのが原則となっている。昔は，畳石，石段，などと表現していたのであって，特に石段という用語は，現代人の意識では階段と混同しやすい。

敷石の種類は多種多様であり，その分け方も視点によって違ってくるが，大きく分類すると，自然石敷石，切石敷き，寄石敷き，ということになる。そこでこの点について，簡単に解説をしておきたい。

自然石敷石……天然の石だけを使用したもの。
　　　　　　玉石敷き，小判石敷き，霰零，等。

切石敷き………全体を切って加工するか，あるいはかなりの部分を加工したもの。
　　　　　　布敷き，四半敷き，亀甲敷き，等。

寄石敷き………自然石敷石と，切石敷きの双方を用いたもの。これにも，A混合敷きとB接合敷きの二形式がある。

A混合敷き…自然石敷石と，切石敷きの二種を適当に混ぜて敷くもの。

B接合敷き…自然石敷石と，切石敷きを混ぜずに，接した造形とするもの。

敷石の素材としては，自然石系統では，伊予青小判石，伊勢ゴロタ，筑波ゴロタ，淡路ゴロタ，などがある。切石系統では，丹波鞍馬石，丹波鉄平石，鉄平石，秩父青板石，丹波石，根府川石，などの他各地より産する御影石が多く使用されている。

なお最近の庭園関係者の中には，敷石を"延段"と表現する人が多い。しかし，この延段という語は一定の幅で長く続くような敷石の形式である。

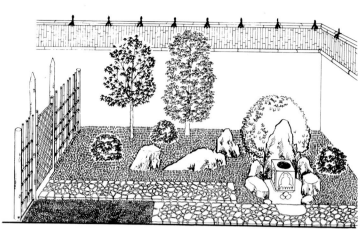

8．園路の切石敷きの一例　　　　9．一部に変化をつけた切石敷き　　　完成パース　　　　Use of paving stones for variety in a small garden

10．切石と小石による寄石敷き　　11．大小の青石を敷き分けた自然石敷石　　12．目地に小石を詰めた珍しい切石敷き

13．幅の広い切石乱敷き　　　　14．乱れ式に変化をつけた敷石造形　　15．四種の敷石を構成した枯山水庭園

16．園路のラフな感覚の切石敷き　　　　17．切石と瓦を寄せて敷いた露地の敷石

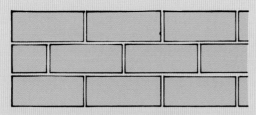

切石による真の敷石（真の真）
Angular cut paving stones (orthogonal layout)

同，真の敷石（真の行）
Angular cut paving stones (semi-orthogonal layout)

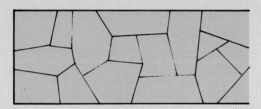

同，真の敷石（真の草）
Angular cut paving stones (non-orthogonal layout)

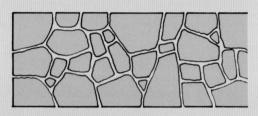

半加工石による行の敷石
Semi-processed paving stones

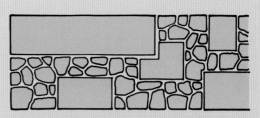

二種を寄せた行の敷石（寄石敷きという）
Grouped layout (*Yosejiki*) using two types of paving stones

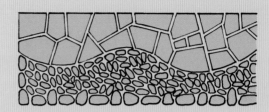

モダンなデザインの寄石敷き
Grouped paving stones in a modernistic design

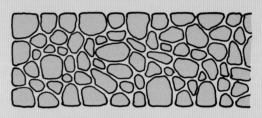

自然石による草の敷石
Random layout using natural stones

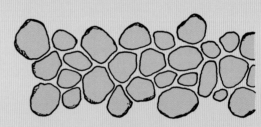

崩した形式の草の敷石（霰崩しという）
Random layout with broken borders (*arare kuzushi*)

敷石のデザイン例

Paving Stone Design Exemples

Japanese gardens tend to be subdued and reserved in their use of color, and place great importance on natural colors. This also applies to the paving stones presented here.

In part, this is because, like stepping stones, paving stones first became popular in *roji* gardens for the tea ceremony. Because of the preference for simplicity and quiet elegance, gaudiness came to be disliked in the *roji*. "Man-made" beauty was de-emphasized. These aesthetics continue to dominate Japanese gardens today.

Nevertheless, with the changes in Japanese houses, garden aesthetics are beginning to diversify. "Modern art" is increasing popular in Japan and more people feel that the introduction of colorful elements, even to traditional gardens, is perfectly legitimate. It is perfectly natural that gardening techniques should develop over time, and this writer thinks people shouldn't hesitate to experiment.

Natural paving stones of subdued colors were first used for *roji*, but in the Edo Period they also became popular in home gardens. It became common to cut and form stones. The paving stones in Kyoto's Katsura Detached Palace are a good example of cut paving stones, superbly combining beautiful form and practical function.

Paving stones are frequently used in garden paths, *nokiuchi* (walkways under eaves) front court paths and as part of *roji*. Recently pavement stones are increasingly used as garden scenery in their own right.

Regardless of type, all paving stones must be firmly secured. There are many kinds of paving stones, and they can be categorized in several ways depending on your criteria. They can be largely categorized as natural paving stones, cut paving stones or grouped paving stones.

Natural paving — uses only natural stones.

Cut paving — uses largely or entirely cut stones.

Grouped paving — uses both natural and cut stones. This in turn has two variations, intermixed paving and adjoining paving. The former mixes natural and cut stones at random, while the latter abuts natural and cut stones in a prescribed arrangement.

4. Large and small stones beautifully grouped. Katsura Detached Palace.
5. Beautiful grouped paving stones.
6. Superb natural paving stones, with cut stone borders.
7. Grouped paving stones, including some cut stones and roof tiles.
8. A garden walkway made of cut paving stones.
9. Cut paving stones. Note the variations.
10. Grouped paving consisting of cut stones and small natural stones.
11. Large and small natural blue stones, grouped according to size.
12. Unusual cut paving stones with gravel stuffed between the stones.
13. Broad paving stones set at random.
14. Paving stones set with random variations.
15. Four types of paving stones in a karesansui garden.
16. 6. Deliberately crude layout of cut stones in a garden walkway.
17. Grouped paving stones in the *roji*. Uses cut stones and roof tiles set on edge.

前庭の通路　Front Garden Walkways

1. 切石敷きの変化とスギゴケの美しい前庭

1. This front garden's cut stones and *sugigoke* are
   simply stunning.

2. モダンな感覚の敷石が主体の前庭

3. 寄石敷きを長く連ねた前庭の景

4. 見事な切石敷きを主体とした前庭

5. 中央に切石飛石を配した敷石の前庭

6. 自然石の飛石を用いた一般住宅の前庭

●作庭を依頼されて下見に行くと，建物ができる前に相談してくれればよかったのに……と残念に思うことがしばしばある。

庭作りは，本来建築の設計とも深いかかわりをもっているものであって，まずその基本として，敷地にどのように建物を配置するか，といったことと切り離しては考えられない。だから，本来は建物の設計と並行して計画されるのが最善なのである。

ただ，現実には，なかなかそうはいかず，庭は後回しにされる例がほとんどである。

また，建築に予想以上の追加費用がかかり，庭の予算が思ったように取れなくなってしまった，ということも，よく聞く話しである。

そんな時は，少ない予算で無理をして作庭にかかるより，じっくりと将来の計画を立てて，数年計画で庭作りを進めるのも，一つの方法であろう。

しかし，そうした場合でも，門から玄関までの前庭は，家へ出入りする時，常に使う大切な空間だから，まずここだけは最優先して作るべきである。

前庭には通路として，とりあえずコンクリートなどを打っておけばよい，といったような考えはよくない。その家の顔ともなるのが前庭だから，味気な

いものにすることは，極力避けなければならない。

前庭で最も大切なのは，門から玄関までの通路の取り方であり，これを専門的には"導線"といっている。もちろん，道路との関係によって，門をどのような位置に取ったらよいかといったことも，造園の分野である。しかし，門の位置はすでに決められていることが多く，もうすこし工夫すればよいのにと思うこともしばしばなのである。

導線の他にも，通路をどのような素材で，どのような形式に作ったらよいか，ということも，まことに重要である。そこで，ここでは，基本的な前庭の考え方について述べておきたいと思う。

前庭は，景として美しいことも大切だが，まず第一に，歩きやすく安全，ということが最優先されなければならない。昔から前庭の通路の作り方には，重要な原則がある。それは，できるかぎり敷石として，幅も広く取るということである。

幅が広いということは，それだけ歩きやすいことになるし，敷石とするのは，どのような歩幅の人でも合わせることができるという利点がある。

よく前庭に飛石を打つ人もある。もちろん好みによってそれも結構だが，歩きやすさといった点では

敷石に劣ることは否定できない。特に老人とか，雨の日などには，飛石は危険な場合もある。どうしても，飛石を打ちたい時は，できるだけ大振りで低いものにすることが大切である。

敷石の場合にも，注意すべきことがある。まず，できるだけ途中に低い段を付けないことで，どうしても段が必要な時は，ある程度目立つ，高さのある段にする方がよい。老人や子供等が，つまずくのを防ぐためである。段は，低い段ほどつまずきやすい。

次に，敷石の表面であるが，どのような素材であっても，上が滑りにくいことが第一である。

最も悪いのは，機械で切った石を面にして用いたり，上を磨いたりすること。このように表面が滑らかなものは，特に雨が降った時は，危険で歩けたものではない。特に切石の場合，表面は荒く仕上げるのが原則である。最近では，板石でも比較的値の安い，ジェットバーナー仕上げのものがあり，これだと滑りにくい。また，前庭には，夜間，足元を照らす照明を必ず設置することも忘れないでほしい。

景もまことに重要であり，基本としては昔から格式の高い造形が求められた。正式な客を迎えてもよいように，自然石よりは切石の景が好まれている。

幅の広い敷石を見せた前庭

かなり広い前庭なので，思い切って広い敷石を作り，両側に金閣寺垣を作った作例。主庭が芝庭なので，ここに石庭風の感覚を出す設計としたものである。

敷石
シラカワスナ
刈込み生垣
マツ
タマリュウ
手水鉢
金閣寺垣

0 1 2 3

完成パース   Front court with broad pavement

同左，平面図   Layout diagram of front court at left

7. 幅の広い敷石を生かした前庭

8. 青石の敷石を曲線に用いた前庭

9. 目地の浅い寄石敷きの前庭

10. 五色石の敷石による珍しい前庭

Ideally, building and garden design should be done together. Unfortunately, this is usually not the case, and garden considerations are left for later. It is also not unusual for buildings to cost more than originally estimated, leaving less than desired for the garden.

Even in such cases, however, it is clearly desirable to have a presentable garden in the front court between the gate and the entrance. This space is constantly seen and used by both residents and visitors, so you should give this area first priority in your garden plans. The front garden is your home's "face."

The most important consideration in the front garden is the layout of the walkway between the gate and the front door. In gardening parlance this is called the *dosen* ("conduit").

The front garden should be pleasing to the eye. If nothing else, make sure it is easy to walk and free of potential hazards. Traditionally, there is a prescribed method of building front garden walkways: use paving stones laid out as wide as possible. Ample width makes it easier to walk, and the use of paving stones (as opposed to stepping stones) assures that anyone can walk safely regardless of the breadth of their steps.

Nevertheless, many people lay stepping stones in their front gardens. Aesthetically, there is no reason to insist on one or the other, but paving stones are clearly easier and safer to walk on, especially for the elderly, toddlers and people carrying packages on a rainy day! If you insist on stepping stones, please use large, low stones.

There are precautions for paving stones as well. Be careful not to create subtle height differences that might trip people. If you insist on building steps, please make them obvious, even under "worst-case" scenarios, like elderly people or small children walking in the rain or in the fading light of evening. The higher the step, the safer.

The surface of paving stones should not become slippery when muddy or wet. The worst thing you can use is machine-cut/polished stones — they are a broken pelvis waiting to happen. If you use cut stones, be sure they have a rough surface. Finally — and this applies to all front garden walkways — provide sufficient illumination for safe walking at night.

2. Front garden paving stones with a modernistic layout.
3. Grouped paving stones laid end to end.
4. Outstanding front garden cut stone walkway.
5. Paving stones with cut stepping stones laid out in the center.
6. Family home front garden using natural stepping stones.
7. Front garden using broad paving stones.
8. Front garden using blue stones laid out to create curves.
9. Front garden using fine grouped paving stones.
10. Unusual multicolored paving stones.

軒内の構成　*Nokiuchi* (Underside of Eaves) Composition

1. 山荘風に見せた伊勢ゴロタ敷きの軒内

● 庭作りにおいて最も大切なことは，建築様式と庭とを，どのようにして調和させていくかということであろう。

それは，洋風建築には洋式庭園，和風建築には日本庭園，という決まりきったパターンばかりではなく，それぞれの建築に合った庭園造形を追究することが必要ということだ。

例えば，現代的な新感覚の日本庭園は，案外，洋風建築にもよく合うものである。

しかし，よく旅館や料亭にあるような，型にはまった古めかしい感覚の庭は，和洋どちらにしても，住宅建築にはなじまない一面がある。定型的な造形というものは，庭園のみに限らず，芸術の世界ではほとんど成功しないものだ。

近年，すでにセットされたプレハブ方式の庭を販売している業者等もあるが，これは本来の庭の考え方とはかけ離れている。

さらに住宅の場合には，各家庭の好みということも大いに尊重しなければならない。

住宅建築の好みというものは，外観や細部によく表われるものだ。建築の外壁の出入り，その素材，色，床の高さ。開放部の形式，広さ。縁の有無などは，庭園にも大きく関連してくる。

そのようなところに十分注意して作庭すれば，し

っくりとよくまとまった庭になる。

最近の住宅建築について，建物と庭とのつながりという面を考えてみると，昔の建築のような建物と庭とのつながりが，今の住宅では希薄になってきていることを否定できない。

昔の住宅において，最も注目されるところは，縁が広く，そして濡縁があったことと，軒の出が深かったことである。今は縁が少なく，濡縁はほとんど見られなくなってしまった。

また，建築様式の相違と，消防法との関連，二階建が大部分になったことなどによって，軒の出は極度に少なくなってしまった。

このような縁や軒下という部分は，実は建物と庭とをつなぐ，最も重要な空間であった。それが現在次第に失われつつあるのは，まことに残念であるが，それには近年のアルミサッシの普及なども，大いに関係していると思われる。

庭園用語では，このような軒下の部分を"軒内"と称している。そして，この部分の構成法が，庭園設計においても，まことに重要なポイントになっており，庭のよさを左右することも多い。

軒内は，和風庭園の場合，敷石，タタキ，飛石，沓脱石，などで構成されるのが普通である。洋風庭園では，テラス等となっている例が多い。

また，茶席の軒内に打たれる飛石，役石が，機能的に大切な意味を持っていることにも注意したい。

軒内は，案外似たようなものになりやすく，そこにどのような特色や，美景を盛るかということが，作者の腕のふるい所でもある。

それぞれの住宅において，独自の景色があって当然であると思う。

写真1は，住宅の軒内に新たな工夫を加えた著者作の一例である。この住宅では，外縁が丸太を使った濡縁になっており，どことなく山荘風の気分が尊重されていたので，それに調和させて伊勢ゴロタを敷きつめ，その中に輪切りにした杉の木を飛石風に配置してみたものである。

沓脱にも同じ杉の大きめのものを少し高く使い，細丸太の束を入れて縁と接続させている。縁が丸太であるだけに，周囲を自然石のゴロタ敷きにしたのは成功であったと思っている。敷石が切石敷きでは不調和なものになったであろう。

こういう造形は，どんな所でも合うというものではない。やはり，その建物にふさわしい発想で庭作りを行うことが大切であって，そのあたりが，それぞれの作庭家のセンスということになる。

ここでは，古今の軒内構成の実例写真を示しておくので，参考にしてほしいと思う。

2. 飛石と沓脱石を主体とした見事な軒内。桂離宮庭園

3. 小石敷きを生かした軒内。桂離宮庭園

4. 深目地の敷石と沓脱石による軒内

5. 青石によるテラス風の軒内

8. 玄昌石の四半敷きに沓脱石を配した軒内

9. 広いタタキ中の空間構成が見事な茶席の軒内

6. モダンな敷石の曲線敷きによる軒内手法

7. 小石敷きの中に飛石と沓脱石を配した軒内

10. 狭いタタキに役石を打った茶席軒内

11. テラス風に作られた赤目地敷石の軒内

飛石がアクセントとなる茶庭風の小庭
和室前に作った茶庭形式の庭で，蹲踞と飾り井戸を景としているが，軒内のタタキの中に
埋め込んで打った飛石が大きなポイント
になっている。

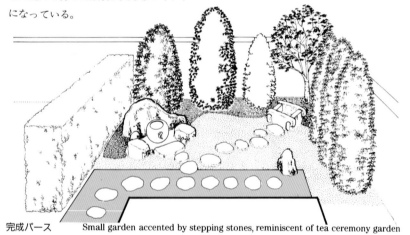

完成パース　　Small garden accented by stepping stones, reminiscent of tea ceremony garden

12. 広い軒内に敷き詰められた敷石の景

13. 大判の鉄平石を敷いた軒内手法

14. 近代的な敷石を用いたビルの軒内

In building gardens, it is essential that the building and the dwelling go together well. This is not to say that Japanese houses must have Japanese gardens and Western houses Western gardens, but simply that it is important to pursue the ideal type of garden configuration for each building.

In former times, Japanese houses had broad covered verandas as well as outer exposed verandas. This was possible in part because of the deep eaves. Today few houses have verandas and the combination of veranda plus the outer exposed veranda is a rare sight indeed.

This is regrettable, because this space is important as a transition zone relating the building and garden. But it has virtually vanished from modern Japanese homes.

In gardening jargon, this space is known as *nokiuchi*, "inside the eaves." It is a key element of garden design and can make or break a garden.

In the case of Japanese gardens, *nokiuchi* are generally composed of paving stones, a rammed earth or concrete floor, stepping stones, and a solitary step (*kutsunugi'ishi*, lit. "shoe removal stone") at the veranda edge. In Western-style gardens this frequently takes the form of a terrace.

It is easy for *nokiuchi* to turn into look-alikes. Using this space with originality poses a challenge to garden designers, and it is one area in which a good designer can "strut his stuff." It is natural and proper that every house should have its own distinctive scenery.

Photograph one shows the author's original addition to a home's *nokiuchi*. This house has an outer exposed veranda made of small logs, with a rustic sort of "mountain villa" flair, so in keeping with this the author laid down cobblestones and slices of cypress logs as stepping stones. The *kutsunugi'ishi* is also made of a cypress section, cut a little thicker.

This *nokiuchi* composition works with this house, but obviously not with most other houses. It is important for each garden to match the particular "personality" of the house.

1. *Nokiuchi* using cobblestones to create a rustic "mountain villa" impression.
2. Splendid *nokiuchi* with emphasis on stepping stones and *kutsunugi'ishi* in the Katsura Detached Palace garden.
3. *Nokiuchi* making good use of small rocks in the Katsura Detached Palace garden.
4. *Nokiuchi* using *kutsunugi'ishi* and paving stones with deep joints.
5. Terrace-like *nokiuchi* using blue stones.
6. Modernistic use of paving stones to create interesting curves in the *nokiuchi*.
7. *Nokiuchi* using *kutsunugi'ishi* and stepping stones in a bed of small stones.
8. *Nokiuchi* using cut stone *kutsunigi'ishi* set in diamond-pattern tiles.
9. Superb stone layout in this *nokiuchi* before a tea ceremony room.
10. The narrow floor of this tea ceremony room *nokiuchi* is set with *yakuishi*.
11. Terrace-style *nokiuchi* with paving stones set in red mortar.
12. Broad *nokiuchi* with paving stones.
13. *Nokiuchi* with large paving stones.
14. Office building *nokiuchi* with modernistic paving stone layout.

石段 Stone Stairs

1. 段に切石を用いた石段。前庭の通路に用いたもの

2. 自然石の石段。面に小石を張っている

3. 門前の石段。張り石は多胡石

1. Stone stairs leading into the front garden, using cut stones and flagstones.
2. Natural stone stairs. The tops of the steps are covered with pebbles.
3. Modernistic stairs leading to the front gate.

● 地形をよく生かすということは，洋の東西古今を問わず，庭作りの最も大切な基本になっている。

変形の敷地や傾斜地，または高低差のある土地に建てられる住宅は結構多いから，そんな時，庭をどうしたらよいか悩んでいる家庭も少なくない。

確かに，予算的には平らな敷地に作るよりも多少費用が必要かも知れないが，それを逆に生かすと，かえって単純な平地の作庭よりも面白く，変化に富んだ庭ができるものである。

そういった庭作りのうち，実用としても，景としても，重視しなければならないものに，石の階段がある。通常これを石段というが，敷石のところでも述べたように，昔は石段という語は敷石を意味し，階段は"石階"といっていたのであった。

階段としての石段は，一般にはあまり注目されていないようだが，実際は同じ石段でも歩きやすさなどにずいぶん差がある。

また，高さや奥行に対する段の決め方が適当でないと，段が低過ぎたり高過ぎたりするし，足を乗せる踏み面の奥行や，作り方にも注意が必要である。特に，前庭などの通路に段を設けるときは，敷石の途中に一段を取るような例がかなり多い。

こんな時は，絶対に段を低く作らないことが大切で，一段というような低い段は，必ずといってよいほどつまずきの原因になる。お年寄りなどにとっては，上がる時につまずきやすいだけでなく，下りるときでも段を見失って，から足を踏んだような状態になるおそれがある。

このような実用的な設備の場合はいつもそうだが歩きやすくできているものが，同時に造形的にも自然で美しいものである。したがって段であっても，力を入れてしっかり作ることが重要といえよう。

ただ，庭園の景として作る場合は，社寺の石段のようなものでは，少しかたくいかめしい感がある。

そこで，多少崩した美しさというものが求められてよい。特に，写真2のような，段石に自然石を用いた石段は，庭園の景や石組みともよく調和するものである。この段に使用する石には，伊豆地方等より産する六方石を用いた例もある。

写真1は，段にしっかりと花崗岩の切石を入れ，上を石張りとしたもので，整然とした感覚がある。また，写真3は門前に設けたモダンな石段の一例であり，門柱と合わせて，すべて多胡石（群馬県産の砂岩）を張っているのが珍しい。

Making optimum use of the lay of the land is a gardening fundamental. Because many homes are built on less than ideal lots, many people worry about how to make an effective garden. Furthermore, regularly-shaped plots of flat land command a premium; is it generally cheaper to build on hilly or irregular plots. While challenging, these difficulties can sometimes be turned to the gardener's advantage to make an interesting, varied garden. Stone stairs often have an important place in such gardens.

It is important to pay careful attention to the design of stone stairs, because depending on the construction and the height and depth of the steps, they may be easy to walk or difficult.

It is common to use a single stone step at some point in the front garden walkway. It is imperative that such a step be sufficiently high to be readily noticed. If the step is too low you are merely begging for someone to trip on it.

Form follows function, and a utilitarian stair design is bound to be visually appealing as well. However, some stairs try to stress the decorative aspect, in which case it may be necessary to deviate slightly from utilitarian considerations for aesthetic purposes. Photograph two shows such a stair, which uses natural stones that blend well with garden rock formations.

中国風敷石（鋪地）　Chinese-Style Paving Stones

1．中国風敷石を用いた前庭の全景。守永寺（市原市）

2．同前庭の美しい細部造形

1. Front garden using Chinese-style paving stones, in Shueiji Temple, Ichihara, Chiba Prefecture.
2. Beautiful details of the same front garden.

●日本庭園と最も近く，兄弟の関係といえるのは，中国庭園であろう。

中でも，江南地方の古都蘇州市は，名園の宝庫として知られ，中国の京都といった風情がある。

中国では，庭園のことを園林という。蘇州の庭は中国式にいうと“私家園林”（個人庭園）で，北京にあるような，旧皇室の大庭園，“皇家園林”とは異なった親しみが感じられる。

これらの名園には見所もまことに多い。その内，初めて見た人でも，その美しさに感嘆してしまうのが，中国風敷石の美しさだ。

この敷石を，中国では“鋪地”という。舗装した地という意味だが，数多くのパターンがあって見あきない。鋪地の歴史は古く，紀元前から実例があったといわれるが，現在のようなものは明代から盛んになった。壊れやすいので，その都度作り直しているが，伝統を受け継いだ造形と技術は素晴らしい。

蘇州市には，中国を代表する国宝庭園を含めて，約四十庭ほどの名園があり，それらの庭園の細部には，必ずこの美しい鋪地が作られている。

中でも，留園，拙政園，網師園，環秀山荘，滄浪亭，などの庭園の鋪地は特に美しい。

種類も多く，分類すると四つほどに分けられるが，最も多いのは，煉瓦や瓦を縦に地面に埋め込んで各種の連続模様を作り，その内部に色の美しい小石を敷き込んでいく形式のものである。

広い面積に，この鋪地が広がっている景は，実に壮観で美しい。また園路としても多く用いられているので，そこを歩くのが楽しみになってくる。

さらに，もう少し凝ったものになると，一つのテーマによって，絵を描くように作られた絵画的鋪地がある。その図案には，動物，植物，花瓶，扇，宝剣など，さまざまなものが見られる。

面白いのはその材料である。白，青，茶といった線で描いてあるので，何を使用しているのか，蘇州の庭園専門家に尋ねたところ，何と白い茶碗のかけらや，ビール瓶，ワイン瓶，などを利用しているとの話しであった。まさに廃物利用の精神である。

あまりにもそのデザインが巧みなので，廃物利用とはまったく気付かなかった。茶碗のかけらは，ホテル等に頼んでおくと，いくらでも集まるという。

日本でも石材や瓦などの廃物利用は普通に行われているが，茶碗や瓶までとなると思いもよらない。大抵は捨ててしまうようなものを活用して，庭の敷石にしてしまうとはさすがである。

そういえば，利用できるものを何でも巧みに生活に生かしてしまうのは，中国人の智恵であり伝統である。漢方薬にも料理にも，同じ考えが見られる。

私達の庭作りでも，このような発想は大いに学ばねばならない。材料が高価だから，などとあきらめてしまう前に，工夫でいくらでも美しい造形が完成するという隣国の教訓を生かしたいものである。

著者は，日本の伝統にはないこの鋪地の美しい造形と色彩に注目し，何とかこれを日本での新たな作庭に応用してみたいと思うようになった。

その最初の作例が，写真1，2に紹介した守永寺前庭（千葉県市原市）である。寺院の玄関脇に作った小面積の枯山水庭園であるが，そこに氷割れ模様の鋪地を設計したものである。

ここに使用した素材は，中国のものと同じではない。特に，仕切りに使用した茶色の石は，一見木材のようであるが，実は群馬県産の砂岩，多胡石である。その多胡石を組んで枠を作り，その中に青と白の丸石をはめ込んで製作したものである。

最初は派手ではないかとも考えたが，意外に落ち着いた色調で，幸いにも好評であった。

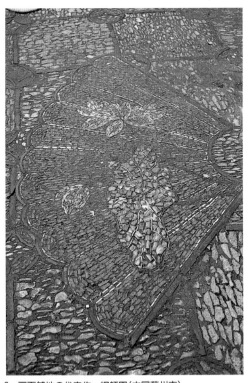

3．扇面鋪地の代表作。網師園（中国蘇州市）

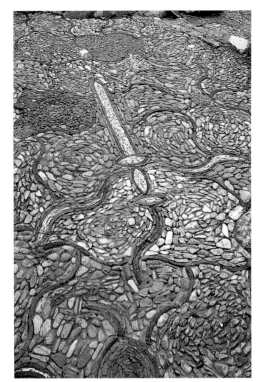

4．宝剣模様の鋪地。環秀山荘（中国蘇州市）

5．コウモリ模様のある鋪地。天童寺（中国寧波市）

6．太湖石と調和する鋪地。網師園（中国蘇州市）

7．見事な連なりを見せる鋪地。留園（中国蘇州市）

8．白色の小石が美しい鋪地。留園（中国蘇州市）

9．市松模様の鋪地。保聖寺（中国蘇州市）

10．三角模様の鋪地。環秀山荘（中国蘇州市）

11. 広々とした中庭の鋪地。環秀山荘（中国蘇州市）

12. 園路の変化に富んだ鋪地の景。留園（中国蘇州市）

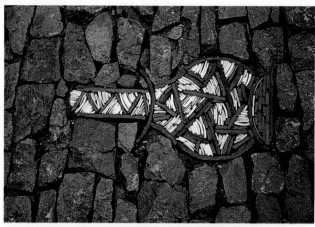

13. 瓦と煉瓦と茶碗による製作中の鋪地。滄浪亭（中国蘇州市）

14. 材料となる白茶碗のかけら。滄浪亭（中国蘇州市）

15. 鋪地の製作風景。怡園（中国蘇州市）

Chinese and Japanese gardens may be thought of as having a sort of fraternal relationship. In particular Suzhou, ancient capitol of the Kiangnan district, is known for its superb gardens. In many ways Suzhou is to China what Kyoto is to Japan.

Suzhou's gardens are cozy private home gardens, unlike the Imperial Gardens of Beijing, which are grand but psychologically less accessible. These gardens have many noteworthy features, but the most thrilling are their splendid cobblestone pavements.

While China's cobblestone pavements date back to before the time of Christ, the types currently in use were developed during the Ming Dynasty. These pavements are relatively less durable and are repaired as needed, but the designs and construction techniques are wonderful.

Chinese cobblestone pavements may be largely grouped into four categories. The most common type consists of a pattern of bricks or tiles sunk edgewise into the ground and then filled with beautifully colored stones.

The sight of such cobblestone pavement

patterns spread across a wide area is exhilaratingly beautiful. These are also widely used for walkways and are delightful to walk on.

Still more intricate designs are used to create pictures of animals, plants, vases, fans, sacred swords and other motifs. Curious to learn what materials were used to produce these colorful, intricate designs, with lines of white, blue, brown and other colors, I was surprised when a professional gardener in Suzhou informed me they use shards of broken pottery and colored bottles! I must salute their use of recycled materials.

Impressed by these cobblestone techniques, absent from traditional Japanese gardens, this writer has endeavored to incorporate them in Japanese gardens. The latest effort is shown in photographs one and two, the front garden of a Buddhist temple, in which the Chinese cobblestones have been worked into a small *karesansui* garden.

The materials are different from those used in China. In particular, the partitions are made of a local sandstone, filled with blue and white stones.

3. Fan design in cobblestone pavement. Wangshi Garden, Suzhou, China.
4. Sacred sword design in cobblestone pavement. Huanxiu Shanzhuang Garden, Suzhou, China.
5. Bat design in cobblestone pavement. Tiantongsi Temple, Ningbo, China
6. Harmony of water-worn rocks and cobblestone pavement. Wangshi Garden, Suzhou, China.
7. Cobblestone pavement with a magnificent pattern and construction. Liu Garden, Suzhou, China.
8. Cobblestone pavement with beautiful white stones. Liu Garden, Suzhou, China.
9. Cobblestone pavement with checkerboard pattern. Baoshengsi Temple Garden, Suzhou, China.
10. Cobblestone pavement with triangular pattern. Huanxiu Shanzhuang Garden, Suzhou, China.
11. Expansive inner court cobblestone pavement. Huanxiu Shanzhuang Garden, Suzhou, China.
12. Cobblestone pavement walkway with interesting variety. Liu Garden, Suzhou, China.
13. Cobblestone pavement under construction. Note the use of tiles, bricks and broken teacups.
14. Fragments of white teacups waiting to be reformed into a cobblestone pavement. This and above at Canglangting Garden, Suzhou, China.
15. Cobblestone pavement under construction at Yi Garden, Suzhou, China.

庭石・石組み Garden Rocks and Arrangements

石組み Garden Rock Arrangements

1. 豪華な枯山水庭園の石組み。コケとの調和もよい

2. 手前の立石で遠近感を強調した石組み

3. 古庭園の変化ある石組み

4. 力強い主石と添石の造形。ダイスギも景を添える

5．住宅庭園に組まれた，九石による亀石組み

6．小庭に組んだ小規模石組みの例

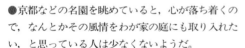

7．洗い出しの中に組まれた変化ある石組み手法

8．横石主体の三尊石組み

●京都などの名園を眺めていると，心が落ち着くので，なんとかその風情をわが家の庭にも取り入れたい，と思っている人は少なくないようだ。

しかし，大抵の人は，とても無理だときめつけ，あきらめてしまうのが実状のようだ。

そんな人に，なぜそう思うのか聞いてみると，名園は石をうまく使っているが，こうした石は高価だから，との理由をあげる人が多い。また，石を使った庭は，住宅などには向かないと頭から信じ込んでいる人もかなりある。

しかし，これは総体的にかなり誤った考え方といわなければならない。

石は，決して高価ではないし，日本庭園の最も基本的な造形要素としてまことに重要なものである。

また，小面積の庭をよく生かすという点からいえば，これ以上有利な素材はないといってもよい。

住宅庭園で一番頭を悩ますのは，手入れの問題だといわれている。手間だけではなく，意外に予算をくうからである。例えば，マツなどを植えれば，その手入れだけで，かなりの金額が必要となることを覚悟しなければならない。

そんな時，いわゆる石庭方式の味わい深い庭を作

っておけば，手入れの予算を最小限に押えることが可能になるのである。

このような費用の点以外に，最も根本的なことは，石の造形美をどう生かすかということである。

石を庭に用いることを“石組み”という。これは「いしぐみ」とも「いわぐみ」とも読む。

石組み，という語には深い意味があって，ただ石を庭に飾るのではなく，石を組み合わせることによって，別の一つの造形を生み出すことを指す。

古く平安時代頃には，すでに日本庭園の大切な要素とされており，当時は“立石”といった。これは石を縦に立てるのではなく，“生かす”という意味なのである。だから，石を横に使っても，立石といっていたのであった。

以来，石組みは，各時代を通じて発展をとげてきたが，その造形はまことに芸術性豊かで，日本庭園独特の美景として，今日では世界的にも広く認められるようになっている。

よく石に凝る人もあって，そのような場合は名石を求めることになる。しかし，石組みに用いる石は決して高価な石でなくてもよい。また，大きさにこだわる必要もないのである。小さな石であっても，

その石の選び方，組み方によって，いくらでも風情ある景を作ることができる。

小住宅の庭でも，その主景としていくつかの石を組むことによって，豊かな景を見せることは十分可能なのである。関西方面では，そのような風情ある石の庭がよく作られている。

写真5は，ちょっとした住宅庭園の正面に低く土盛りをして，そこに九石の青石を組んだ実例である。

おめでたい蓬莱の亀をかたどっているが，石に大小や高さの変化，動きがあるので，よく美しさが出ていると思う。これで土がグラウンドカバーの緑で埋まれば，さらに引き立つ景になるであろう。

使われているのは，関東の代表的な庭石，三波石の自然石で，高さは中央の立石が90cm弱と手頃な大きさである。この程度の石ならば，さほど高価ではなく工事の費用も安い。

よく，石の組み方には難しい法則があるかのように信じている人があるが，それは間違っている。

造形に基本はあるものの，後は作庭家の美的センスの有無がすべてである。石組みの基本造形と技術について，著者は本書の次のシリーズで詳しく執筆する予定なので，ぜひそれを参考にしてほしい。

9. モダンな流れに組んだ石組み造形

10. 住宅の前庭に用いた石組み

11. 著者が東京晴海に展示した七石組みの造形

石組みの基本となる三尊石組み
Sanzon method of grouping stones, the most basic technique

三尊石組みの連続手法の一例
An example of linking *sanzon* stone groups

三尊石組みの基本と用例　　*Sanzon* ("Three Buddha") Stone Grouping Method and Variation

Looking at the splendid stone formations in famous Japanese gardens, many people wish they could accomplish something similar in their home gardens. Nevertheless, most people seem to feel it is beyond them. Primarily there are two false assumptions behind this. One is that the magnificent "famous brand" rocks used in famous gardens are extraordinarily high priced. Another is that such rock formations are poorly suited for home gardens. But these assumptions are simply not supported by the facts. Take heart, because excellent rock arrangements are well within reach of the home gardener.

Let's set the record straight. First, excellent rocks do not have to be expensive. Second, rock formations are one of the most important elements of Japanese gardens, unsurpassed for creating highly effective gardens in a small space.

The biggest pain for home gardeners is maintenance. Garden maintenance consumes

not only time, but also money. Rocks need virtually no maintenance, and you could hire a professional gardener to "plant" a rock formation for less than the cost of planting and properly maintaining a pine tree.

Even more important than the question of cost is how to bring out the structural beauty of stones.

Rock arrangements have deep meaning. They represent much more than mere ornamentation, and through the arrangement of rocks new forms are created.

Some people are fussy about this or that particular kind of stone, but there is no reason why rocks for rock arrangements should be expensive. Nor is there any reason to be preoccupied with size. Depending on how they are selected and arranged, small rocks can work every bit as well as large ones, creating rich, powerful scenes even in small gardens. Photograph five is a good example. These stones

exhibit good variations in size and movement and work well together.

1. Rock arrangement in a gorgeous karesansui dry garden. The moss harmonizes well.
2. The lone standing rock in the foreground accentuates the sense of depth.
3. Karesansui with highly varied rock arrangement.
4. Powerful main and flanking rock formation. The cypress trees also enhance the scene.
5. Nine-rock arrangement in a home garden.
6. Example of a small rock arrangement in a small garden.
7. Interesting variation of rocks arranged in concrete with a scrubbed stucco finish.
8. Sanzon ("three Buddha") arrangement with reclining rocks.
9. Rocks arranged in a modernistic stream.
10. Rocks used in a home residence front garden.
11. Seven-rock arrangement displayed by the author in front of a convention center in Tokyo.

庭石加工　Processing Garden Rocks

1. 自然石と同様に加工した青石の用例

●庭石というものは，本来，山や沢や川にある天然の石を採石して使用したものであって，原則としてはあまり表面のなめらかでない，山石や沢石が好まれたのであった。山石といっても，あまり角張ったものは不向きだから，川の上流付近にある沢石などが最も好まれたのである。

しかし現在では，各地の庭石の産地でも，自然保護という行政の立場が強化され，沢や川などからの採石は，ほとんど困難になってしまった。

そのため庭石業者は，石を多く埋蔵している山の権利を買い，その山を崩して採石するという方式をとる場合が多くなってきた。この時，山を崩すために発破をもちいるので，そのままの形の石では庭石として売物にならない。角が立って，あまりにも割れ石に近いからである。

特に，庭石中でも名石として知られる青石（緑泥片岩系）などは，形を整える必要がある。

そこで多くの業者が取ってきた方法は，大きな鉄製のドラムの中に庭石を何トンか入れ，それを回転させることによって，石を磨り合わせて角をとるというものである。これを俗に"コロガシ"という。

しかし，これでは必要以上に角が取れてしまったり，石が傷だらけになって，よい青色が出にくいという欠点があった。

そこで，最近では新しい方法が開発され，よりよい天然石に近い石を生産する業者もでてきている。

自然界の石でも，割れ石が長年月かけて水などに削られ，または風化して，味わい深い姿になったものだから，その長い自然の営みを，同じように人工的に短時間で行なえばよいということになる。

その方法は，石を形よくターンテーブルの上に並べ，それを特殊な装置の中に入れて，高圧の水と共に小砂利や砂などを吹き付けて，石を少しずつ削って行くという方法である。ここに紹介したのは，群馬県鬼石町の，ふじ重石産加工工場における庭石加工の様子である。こうして加工された石は，天然石と比べてもほとんど遜色がない。

よく庭石の引き売り業者がトラックに積んでくる石は，加工石でもほとんどが"コロガシ"の石であり，その石は乾くと白っぽくなるので，素人でも見分けられる。しかし，よい加工石は色がよいので，業者は天然石と称して売っている場合がある。

今は，青石などの庭石は，原則として加工石と思った方が無難といえよう。

1. Blue rocks processed in the same way as natural rocks.
2. Large, sophisticated rock processing facility.
3. Interior of the processing facility.
4. "Raw" rocks are placed on a turntable inside the facility.

Originally garden rocks were located in mountains, gulches and streams. Generally, rocks from mountains and gulches were preferred because they were not excessively smooth. Today, however, environmental protection laws make it difficult to remove rocks from parks and other public properties.

Accordingly, suppliers of garden rocks often purchase the rights to mountains with lots of rocks and "mine" the mountain for rocks. This is usually done by blasting with explosives, and most of the rocks cannot be used without further shaping, because they are a mass of sharp, jagged edges. Some suppliers remove these edges by tumbling the rocks in a large drum. Unfortunately this scratches the rocks badly.

Recently a new method was developed whereby rocks can be cleaned by greatly accelerating the erosion process: the rocks are placed in a giant "washing machine" and "washed" in a slurry of sand and gravel. Rocks processed in this way look every bit as impressive as rocks "naturally" worn over hundreds or thousands of years. It is safe to assume that blue garden rocks you see in Japan today have been processed this way.

5. The door is closed and "washing" begins.
6. Rotating drum tumbler.
7. Processed rock arrangement in progress.

2．本格的な庭石加工装置の全景

4．内部にターンテーブルに乗せた原石を入れる

6．ドラムを回転させる形式の装置全景

3．加工装置の内部

5．扉を閉めて特殊な加工を開始

庭石の選び方と注意点

◆庭石は一つの産地の石で統一するのが望ましい。

◆できるだけ産地に出向いて求めるのがよい。

◆色石は各種のものを混ぜない方が上品である。

◆まったくの自然石にこだわる必要はない。しかし，加工石でもよい加工の石を選ぶこと。

◆石の色は乾いた状態で吟味すること。雨などで濡れている石は本当の色が分らない。

◆飾り石は別だが，庭石として高価な名石を求めるのはほとんど意味がない。

◆あまり丸く角が取れている石は庭石向きではない。

◆石は第一に線の良さで選ぶべきであり，表面の模様や色は二の次と考えるべきである。

◆庭石業者の多くは石組みに対する基礎知識を持っていないので，石だけを求め専門家に依頼する方が無難である。

◆本来は石も作庭家に依頼して選んだ方がよい。

Tips on Selecting Garden Rocks

* Get all the rocks from the same source.
* Select rocks at the source.
* Avoid mixing different types of colored stones.
* Don't insist on "natural" rocks, but do insist on well-processed, "natural-looking" rocks.
* View rocks carefully when they are dry. You can't tell a rock's true color when it is wet.
* Although perhaps justifiable in the case of ornamental rocks, pursuing "famous brand" garden rocks is meaningless.
* Overly rounded, smooth rocks are not well suited for use as garden rocks.
* Choose rocks for their lines and shape. Surface patterns and coloration are secondary considerations.

7．加工石による施工中の石組み風景

中国の庭石　Chinese Garden Rocks

1. 太湖石を組んだ中国式小庭の全景（鎌倉市・鶴岡八幡宮）

* Depiction of Mythical Buddhist
  Holy Mountain "Horaizan"

2　同上，中央の主石。痩せた姿が特徴

3．同，右手の太湖石

1. Small Chinese-style garden
   using Tai-fu stones, in
   Kamakura's Tsurugaoka
   Hachiman Shrine.
2. Main stone in the above garden.
3. Right hand stone in the above
   garden.
4. Tai-fu stone adorning the bank
   of a pond in Tuisi Garden,
   Suzhou, Wujiang Prefecture,
   China.
5. The tallest Tai-fu stone,
   "Ruiyunfeng" in Liu Garden,
   Suzhou.

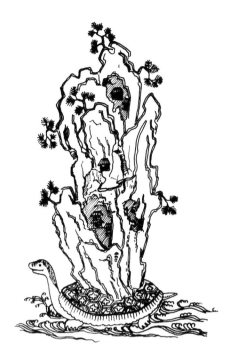

御物「蓬萊山蒔絵袈裟箱」蓋裏の蓬萊山略図 *

4．退思園（蘇州市呉江県）の池畔を飾る太湖石

5．最も高さのある留園（蘇州市）の太湖石「冠雲峰」

● 同じ東洋の文化圏にあって，日本は古来，中国から多くのことを学んできた。

ただ日本人は，それを直輸入しただけに終らず，日本風に消化吸収し，独自の文化にまで発展させていった。このことは例えば，漢字から仮名文字を生み出したことによっても象徴されよう。

日本文化の特色は，一口でいうと，簡潔で清らかなところにある。造形も，複雑なものよりも素直な表現のものが好まれる。それは，庭園造形の上にもよく表われている。日中両国の庭は，その造形要素に多くの共通点を持っているが，両国民の好みには，かなり異なったところもある。

最も感覚的に違っているのは，庭石に対する好みであろう。同じように加工しない自然石を好むところは同じだが，日本では安定した素直な線を持った石が好まれ，そこに“侘び”“寂び”といった精神的な味わいも入ってくる。

ところが，中国では昔から，特別に変化に富み，屈曲の多い，神秘的な感覚の石が愛好された。

中国の山水風景のように，高く直立してそびえた奇怪な姿の石である。そのような名石は特に珍重されたが，それは文化性の相違によるものである。

それが中国的な庭園の大きな特色の一つであって，そうしたことに注意すると，また中国庭園の観賞も楽しくなってくる。このような中国の名石にも地方によって各種のものがあり，今日では“黄石”が多く使われているが，庭石の中心として古くから最も愛好されてきたのは“太湖石”である。

太湖石は中国江南地方の，江蘇省と浙江省の境いにある大きな湖“太湖”とその付近から産する石灰岩である。一名を“湖石”ともいい，古くは太湖の湖底から採石されたものが最上とされた。

太湖は水深が浅いために，湖底にある石灰岩が波にあらわれ，軟質の部分が水に溶け，硬い芯の部分が残って，複雑な奇怪な姿に変化する。

それを石工が水に潜って，できるだけ大きくノミで切り取り，綱をかけて引き上げたものである。

それだけに貴重品であり，形のよい名石は，運河によって遠く北方の都にまで運ばれ，皇室の園池などに据えられたのであった。蘇州に古来名園が多く作られたのも，太湖のすぐ東にあった当地の地の利によるところも大であった。

しかし，湖底の名石は少なく，よい石は早くから採れなくなったので，付近の島や山からも採石され

た。石を湖中に入れて，姿を整えることも行われたという。現在ではその数も限られ，よい石は天然記念物として国外持ち出しは禁じられているという。

太湖石の良しあしを見るには，四つのポイントがあるという。中国ではこれを“痩・皺・漏・透”と表現している。痩は姿が痩せているもの，皺は皺が多いもの，漏は水が溜らないもの，透は穴の多いもの，のことである。このすべてを兼ね備えた石が，最高の名石とされているのである。これ以外に，一石だけで，できるだけ大きい石であることも重要である。

このような本場の太湖石は，日本でも友好都市の関係で各地に作られた中国庭園に見られるようになった。しかし，写真1〜3に紹介した鶴岡八幡宮（鎌倉市）の“湖石の庭”は，63㎡という小庭であるが，蘇州市園林局の専門家によって設計施工された日本初の作で，1984年4月に，時の宋之光中国大使の特別のはからいによって完成したものである。

低い築山上に太湖石の立石三峰を配し，手前にも山形の一石を据えて奥行を出した作で，その間に中国産のボタンを植えている。

ここでは別に，本場中国の名石といわれる太湖石も，写真によって数例紹介しておいた。

6．中国でも最も優れた太湖石「瑞雲峰」(蘇州市)

8．中国式の盆景にみる石組み手法

7．藝圃(蘇州市)の池畔を飾る，太湖石の構成美

9．黄石を積み上げた个園(揚州市)の築山

To summarize the most salient characteristic of Japanese culture, it emphasizes purity and simplicity. Designs tend to be straightforward rather than intricate. This shows in garden design as well. While Chinese and Japanese gardens have many points in common, there are also significant differences between the Chinese and Japanese aesthetic sense.

This is most readily perceivable in garden stones. There is a preference for natural, unfinished stones in both cultures. But the Japanese prefer stones with stable, candid lines and a simple, unassuming beauty, while the Chinese have long had a penchant for irregular, mysterious stones. Also, like the riverside landscapes of Guilin, they tend to prefer towering, incongruous, almost surrealistic rocks.

While there are many famous kinds of stones in different parts of China, from ancient times the favorite garden stone has been one known as Tai-fu stone. Tai-fu stone is a type of limestone from around Lake Tai-fu on the border of Jiangsu Province and Zhejiang Province in China's Jiangnan District. In the past, stones from the bottom of Lake Tai-fu were considered the best.

Lake Tai-fu is shallow and the soft parts of the limestone on the bottom were eroded by wave action, creating strange convoluted shapes in the process. Masons would dive into the lake with chisels, remove the largest pieces they could and raise them with nets. There are four main criteria for appraising the quality of Tai-fu stones: the slenderer the better, the more convoluted the better, the fewer water-trapping recesses the better, and the more holes the better. Stones with all these qualities are considered to be the best.

Photographs one through four are of the "Lake Stone Garden" in Tsurugaoka Hachiman Shrine in Kamakura. This was designed and built by an expert gardener of the Suzhou Metropolitan Garden Bureau in 1984. It is the first such garden in Japan.

6. China's greatest Tai-fu stone, "Ruiyunfeng" in Suzhou.
7. Structural beauty of Tai-fu stone adorning the bank of a pond in Yi Garden, Suzhou.
8. Rock arrangement technique evident in this Chinese-style tray landscape.
9. Mound made by heaping yellow stones in Ge Garden, Yangzhou.

枯滝 *Karetaki* (Rocks and Sand Arranged to Resemble a Waterfall)

1. 二段落ちの枯滝。険しい山水表現が特色

1. A two-tiered *karetaki* with steep, rugged features reminiscent of an ink painting.
2. A *karetaki* built at the top of a *karenagare* (dry rapid).
3. One old garden example of a small *karetaki*.

2. 枯流れの上流に組んだ枯滝

3. 古庭園の小規模な枯滝の一例

4. 力強い石組みの枯滝。南陽寺跡庭園（福井市）

5. 豪華な一段落ちの枯滝造形

6. 中国の山水風景を象徴した枯滝。大通寺庭園（長浜市）

7. 板石の水落石を用いた小規模の枯滝

●一般の住宅の庭に，滝を作るなどといえば，今どきそんなぜいたくな，と驚いてしまう人も少なくないであろう。

たしかに，本格的な高さのある滝を作り，水を落すとなると，井戸や水の環境装置なども必要で，かなりの予算が必要であることは事実である。

また，ある程度広い池がないと，滝は生きてこないものだ。現在の住宅に，そのような広い池を取るのはまず困難なので，割り切って別の考え方をしてみるのも，まことに大切なことである。

日本には伝統的に，大変味わい深く，しかも便利な様式である枯滝というものがあった。

枯滝とは，水のなくなってしまった滝のことではない。本来水が落ちていた滝で，水の失われたものは"涸滝"と書く。

滝であっても，実際には水を落さない形式が枯滝で，水の落ちる景を象徴して作るものである。

枯滝が出現したのは，室町時代後期に京都で発祥した，水を用いない庭園様式である枯山水庭園においてであった。

しかしこの枯滝は，枯山水庭園だけではなく，以後池泉庭園にも多く作られるようになった。

落水の景はなくても，そこから水音を聴くという発想は，精神的な面を強調した作庭方式であり，禅の心とも共通する一面があった。

また，実際の作庭において，どのような条件の場所にも自由に作ることができるということも，まことに有利であったから，大いに流行したのである。古来の名園にも枯滝の名作は数多い。

枯滝の利点は，水を引く工事が不要であるということの他に，造形的な制約がないということも重要な点である。

だから，実際の滝とほとんど同じように石を組んだものから，わずか数石で落水の景を象徴的に表現したような作まである。

石の組み方さえ優れていれば，枯滝でも十分に滝の景としての美しさを出すことが可能である。これは実に日本的な考え方といえよう。

枯滝は，山水風景の庭を作ってみたいと希望する場合，むしろ住宅庭園に最も向いているのではないかと思う。予算の点でも，石をあまり使わなくてよいということは，比較的安く施工できるということにもつながってくる。

ここに紹介した写真2，7は，そんな住宅庭園の枯滝石組（著者作）の実例である。庭園敷地の一部分に少し土盛りをして主石を組み，左右の添石によって奥深い滝を象徴した作となっている。

写真2は，滝から流れ出す枯流れの景を強調したもので，最も簡略化した枯滝構成法の一つといえよう。庭石は，福島県産の青石であり，中央の主石には白い線がある。見方によっては水の落ちる景とも考えられよう。なお，次頁に示した参考図は，この枯滝を組んだ庭園の設計図である。

写真7は，小規模であるが本来水を落す段石である，水落石を用いた作となっている。

また，写真1は，漢方医院の待合室の庭に主景として作った枯滝（著者作）の一例で，二段に落ちる険しい滝を表現したものである。段の部分には，栗石を敷いて水の景を表わし，下には水分石を組んで滝の奥行，遠近感を強調している。

こういう造形ならば，狭い庭でも十分に山水の景を楽しむことができよう。

写真3，4，5，6などは，古庭園における枯滝の実例で，かなり大規模な作もあるが，名作はやはり，非常に迫力ある構成となっているのが著しい特色である。

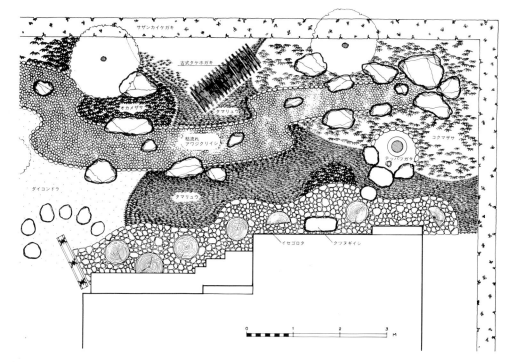

平面図　　　　　　　　　　　　　　　　　　Layout Drawing for a Home Garden *Karetaki*

住宅の枯流れ式枯山水設計図

この平面設計図は、著者が1985年に作庭した千葉県市原市E邸のものである。庭園全体に右手から左に流れる枯流れを作り、その源として枯滝を構成している。81頁に示した写真2がそれである。

このほか、蹲踞（90頁・写真1）、軒内の敷石（66頁・写真1）、古式竹穂垣（33頁・写真1）、なども景として生かした作例となった。

一段の枯滝
Single-tiered *karetaki*

二段の枯滝
Two-tiered *karetaki*

流れ式の枯滝
Waterfall-rapid type *karetaki*

枯滝石組み三種　　　　　　　　　　　　　　　　　　　　　　　　　　　　　　　Three Types of *Karetaki*

Building a waterfall in an average home garden is no easy task. Wells and pumping equipment are required to lift the water to the top of the waterfall, so it becomes a very expensive proposition. Furthermore, unless the pond is large, the waterfall usually looks out of place. Thus a garden waterfall is beyond the reach of the overwhelming majority of homeowners. An alternative approach is in order.

The Japanese garden offers a time-honored and aesthetically very pleasing alternative, the *karetaki* (rocks and gravel arranged to resemble a waterfall).

Karetaki were first made in Kyoto during the late Muromachi Period, as one aspect of *Karesansui* (dry Japanese gardens). However, these karetaki soon became popular for use in gardens with ponds and streams as well.

Properly built, *karetaki* give a strong psychological impression of a waterfall, stimulating the imagination so much that you can almost hear the water falling. This psychological emphasis originated in Zen Buddhism, although appreciation of it is by no means limited to Buddhists. Because they could be built practically anywhere, in the past *karetaki* were extremely popular, and great examples can be found in many of the famous gardens.

The main advantages of *karetaki* include no need for pumps or plumbing, and no limits on construction.

The key point is to arrange the rocks well. The degree to which the beauty of a waterfall can be created hinges largely on this. Aesthetically speaking, this is one of the most "Japanese" aspects of the Japanese garden.

For many homeowners who would like to incorporate elements of mountains and rivers in their gardens, this approach can be highly recommended. Another nice aspect of karetaki is its high "cost-performance" ratio: you get more splash for your cash, in a manner of speaking.

Of the photographs introduced here, numbers two and seven are in home gardens (built by the author). In building these, the ground in one part of the garden was slightly elevated and the main rock formation erected. The arrangement of other rocks on the right and left seeks to create the impression of a waterfalls deep within a gorge.

The *karetaki* in photograph two, which emphasizes the outpouring of water, has a design about as simple as you can get. The reference drawing on the following page shows that garden's overall design.

The *karetaki* in photograph seven draws attention to the veil of water falling in a single cascade. Photograph one shows a double cascade. Photographs three, five and six show large *karetaki* in old gardens. The powerful composition of such great karetaki is readily apparent.

4. A *karetaki* with a powerfully expressive rock formation in the garden of the former Nan'yoji Temple in Fukui.
5. A gorgeous single-tiered *karetaki*.
6. A *karetaki* reminiscent of an ink painting in the Daitsuji Temple garden, Nagahama, Shiga Prefecture.
7. A small *karetaki* using a flagstone for the face.

滝 Waterfalls

1. 二段落に組んだ滝石組み。斜石が滝を生かしている

2. 山畔に数段に落した滝の景

3. 自然風景のように作った滝

6．手前に橋を架けた流れ上流の滝

7．巨石の板石を添石とした滝

4．奥深い組み方の滝石組み。離れ落ちの好例

5．一段布落ちの滝

1. A two-tiered waterfall. The slanted rock adds a
   nice accent.
2. A complex waterfall on a hillside.
3. A waterfall built to look natural.
4. A deep-set waterfall with a pleasing hanare-ochi.
5. A single-tiered nuno-ochi waterfall.
6. A waterfall-rapid with a bridge in the foreground.
7. A waterfall flanked by a massive rock plate.
8. An example of a waterfall used as a garden
   centerpiece.

8．庭の主景となる滝の一例

●山紫水明の国日本は，狭い島国の割には，山景が特に豊かな国家といえよう。したがって中小河川も多く，山岳地帯に入れれば大小規模の差こそあれ，自然の滝がまことに多数見られる。

そのような地形的，風景的特色から，日本庭園では発達の当初から，園池を作り，そこに山水風景を主体として取入れることが行われてきた。

そこで，その景の中心の一つに，滝が作られたのも，至極当然のことであったといえよう。

枯山水庭園が出現する室町時代後期以前は，すべてが池泉庭園であったといえるから，そこに作られる滝も，必ず水を落す"落水の滝"とされていたのである。古くは"生得の滝"などともいっていた。

落水の滝は，天然の水利に恵まれ，清らかな水が得やすい日本の大きな特色ともいえる。例えば，日本文化の源である中国では，庭園の中にこの落水の滝の作例はまことに少ないのである。

興味深いことに，庭園が特に発達した京の都は，水利の点で必ずしも恵まれていない盆地であったにもかかわらず，平安時代には，すでにさまざまな滝が作られていた。それは平安時代後期に成立した最古の秘伝書である『作庭記』【別項】に，十種類もの滝

が解説されていることによって証明される。

それには，今日作られている滝の基本となるものが，ほとんど含まれている。

しかし，現在では，天然の水利を用いて滝を作ることなど困難になってしまった。古庭園でも，水が失われ，涸滝になった庭が多いのが現実である。

住宅庭園で滝を作りたいと望んでも，その水源として上水道を使うのは正しい方法ではない。

水源としては，原則として井戸を使い，水の循環装置を設置するのが今では常識となっている。

滝の考え方として特に注意したいのは，庭園の滝というものは，ただ単に水が落ちていればよい，というものではない，ということである。

美しい滝というものは，落水の景と共に，いかに立派に石を組んでいるかということで決定する。

滝には，伝統的に水墨画的な景が最も尊重されている。写真1は，著者の最近の作例であって，青石によって水墨的な造形を意図したものである。

滝の種類をいうには，水落石の段から，一段落，二段落，三段落のように分ける場合と，その水の落し方によって，布落ち，離れ落ち，伝い落ち，糸落ち，などに分ける方法とがある。

In the construction of flowing waterfalls, Japan is at a special advantage, because the country receives so much rainfall that running water is almost always plentiful. By contrast, gardens in China, where much of Japanese culture originated, have far fewer waterfalls.

Nevertheless, in modern Japan building a flowing waterfall in your garden is difficult. And waterfalls in many of the great old gardens have lost their water sources.

If you intend to build a waterfall in your garden, you should not use water from the public water mains. Instead, you should dig a well and circulate water using a pumping.

In building a waterfall, never forget that the most important factor is not the falling water; rather, it is the rock formation. This is the key to building a beautiful waterfall.

Traditionally, garden waterfalls have sought to recreate the sensation of a Chinese or Japanese landscape painting, with rugged mist-clad peaks climbing powerfully out of lucid rivers and lakes.

Waterfalls are classified by the number of cascades and by the ways in which the water descends. These include *nuno-ochi* (like a veil), *hanare-ochi* (as if poured out from a pitcher), *tsutai-ochi* (clinging to the rock while falling) and *ito-ochi* (like a thread).

手水鉢　*Chozubachi*

1．四方仏形を用いた立手水鉢

2．渉成園庭園（京都市）の袈裟形

3．青松院（甲府市）の竿形

1. *Shihobutsu-gata* ("Four-direction Buddha type") *tachi* chozubachi.
2. *Kesa-gata chozubachi* in Kyoto's Shoseien garden.
3. *Sao-gata chozubachi* in the Seishoin Temple, Kofu.
4. *Rendai-gata chozubachi* used as at the *ensaki* (veranda edge).
5. *Mitatemono chozubachi* in Okayama's Korakuen.
6. Cylindrical *chozubachi* in Kanazawa's Gyokusen'en garden.
7. Square *chozubachi* in Kanazawa's Gyokusen'en garden.
8. The famous *hakuga-gata chozubachi* in Kanazawa's Kenrokuen.
9. *Natsume-gata* ("date-shaped") *chozubachi* in Kanazawa's Gyokusen'en garden.
10. Hexagonal *chozubachi* in the Fumon'in Temple garden, Kyoto.
11. *Sosakugata chozubachi* based on a dragon motif.
12. Natural stone *chozubachi* in Okayama's Korakuen.
13. *Tagasode-gata* ("draped sleeve type") *chozubachi* in the Chishakuin Temple garden, Kyoto.
14. Natural stone *chozubachi* in Ritsurin Park, Takamatsu.

4. 縁先手水鉢として配した蓮台形の一例

5. 岡山後楽園の見立物手水鉢

6. 玉泉園庭園(金沢市)の円柱形創作形手水鉢

7. 同園の角形手水鉢を用いた立手水鉢

● 私達日本人にとって，畳の魅力には格別のものがある。住宅を新築したりする場合は，普段ベッドとイスの生活に馴染んでいる世代でも，一間は畳のある和室にしたいと望む人が多い。

ところが最近，和室を作ったものの，その前に本格的な日本庭園を作る余裕はないので，どうしたらよいか悩んでいる，という人が少なくないという。

こういう場合には，ぜひ縁先を生かす工夫を考えてほしいものだ。

縁先に和風の景を生かす演出として，最も効果的なのは，手水鉢を用いる方法である。

手水鉢は，もともと中世では縁先に配して手を洗う設備であった。後，桃山時代に，茶の湯の発達によって生まれた新しい様式の庭である露地(茶庭)において，石の手水鉢などが，実用目的で配されるようになったものである。それは，茶席に入る前に，客が心身を清めるという，重要な精神的役割を持ったものであった。千利休も，露地において最も大切なのは手水鉢だ，と述べているほどである。

その後，江戸時代初期頃からは，露地以外の一般庭園にも景として配されるようになった。

手水鉢とは，水を入れる器の総称であり，金属，陶磁器，木製，等の作もあるが，それらはむしろ例外的なもので，手水鉢といえば石の手水鉢を指すのが普通になっている。

その形式には大きく分けると，蹲踞手水鉢【次項】，立手水鉢，縁先手水鉢があるが，いずれにしても石造手水鉢を用いることに変わりはない。

手水鉢という用語は，最も伝統的なものだが，昔は，石鉢，水鉢，舟，手水石，その他多数の名称があった。現在の庭園関係者は，水鉢と称する人が多いようである。

手水鉢の種類はまことに多いが，大きく分類すると，(1)見立物手水鉢，(2)創作形手水鉢，(3)自然石手水鉢，に分けることができる。

それぞれに代表的な形があり，それを本歌として多数の模作が作られているものもある。

ここでは，少々その手水鉢の基本について解説しておくことにしたい。

(1)見立物手水鉢……他の石造美術品などの細部を流用したもの。別に"利用物"という場合もある。廃物利用の精神が，茶人達にも侘び・寂びの極致として好まれた。何を用いたか，あるいはその形の特色によって，それぞれの名称が付けられている(基礎形，四方仏形【写真1】，鉄鉢形，袈裟形【写真2】，笠形，竿形【写真3】，礎石形，橋杭形，蓮台形【写真4】，等)。

(2)創作形手水鉢……当初から手水鉢として茶人等によって創作されたものの総称(露結形，布泉形，白牙形【写真8】，棗形【写真9】，銀閣寺形，六角形【写真10】，円柱形，等)。

(3)自然石手水鉢……天然のままの石を用いて水穴を掘ったり，あるいはすべてを自然の状態で用いたもの(富士形，一文字形，誰袖形【写真13】，貝形，鎌形，水掘形，等)。

手水鉢は，水を入れることに最大の目的があるから，その形の芸術性だけではなく，水穴の掘り方がまことに重要な見所になっている。

今日では景として庭園に用いられる手水鉢が増加しているが，清らかな水をたたえた景色や，水の動きには，さりげない美しさがある。

最近の住宅庭園では，池を作るほど面積のある庭は少なくなってしまった。その点，この手水鉢は，わずかのスペースで，日本的な情緒を持つ水景を作り上げてくれるのが嬉しい。手水鉢には，コケなどを付着させず，清潔に保つように注意したい。

8. 兼六園(金沢市)の名品，白牙形

9. 玉泉園の縁先手水鉢として配された棗形

10. 普門院庭園(京都市)に配された六角形

11. 龍の意匠を見せる創作形手水鉢

Even today, most Japanese retain a fondness for rooms built with woven grass *tatami* mats, and most Japanese who buy Western-style homes today still prefer to have at least one Japanese-style *tatami* room. Unfortunately, many people who go to the expense of building a Japanese room regret that they lack the funds to build a garden to go with it.

In such cases, people should consider creative ways of using the veranda. *Chozubachi* (handwashing basins) are one of the best ways to create "Japanese" scenery on the veranda.

In Japan's Middle Ages, *chozubachi* were kept on the veranda so people could wash their hands there. In the latter Momoyama Period, with the development of *roji* gardens as an adjunct to the tea ceremony, stone *chozubachi* were placed in the garden for practical reasons — before entering the tea ceremony room, the

participants would wash their hands as one aspect of the purification of body and spirit. Senno Rikyu, the founder of the tea ceremony, said that the *chozubachi* is the most important element in the *roji*.

In the Edo Period, *chozubachi* came to be widely used in all kinds of gardens for decorative purposes.

Chozubachi can be made of metal, ceramics, wood or other materials, but usually they are made of stone.

Their shapes can be broadly classified as *tsukubai* (low), *tachi*, (standing) and *ensaki* (veranda edge) *chozubachi*. All of these types are typically made of stone.

There are many types of *chozubachi*, but they can be broadly classified as (1) *mitatemono chozubachi*, (objects such as stone mortars and incense stands that have been converted into

chozubachi), (2) *sosakugata* (original) *chozubachi* and (3) natural stone *chozubachi*. Each of these types has original creations that are widely copied.

A bit more explanation is in order.

(1) *Mitatemono chozubachi* are frequently made by recycling other stone objects. The fact that they are recycled objects often includes an element of pathos that makes them dear to votaries of the tea cult. Another way of classifying these is by their shapes: *kisogata* (bases of objects), *shihobutsugata* (square, with Buddhist effigies carved on all four faces) (photograph one), *kasagata* (roof/lid shaped), *saogata* (columnar) (photograph 3) and *rendaigata* (lotus petal base of Buddha statue) (photograph four).

(2) *Sosakugata chozubachi* refers to items originally made by votaries of the tea cult to be

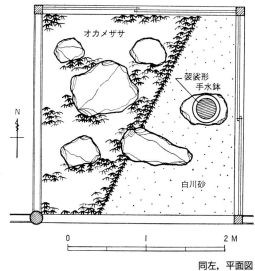

オカメザサ

袈裟形
手水鉢

N

白川砂

0　　　　　　　1　　　　　　　2 M

袈裟形手水鉢を用いた中庭　　　　　　　　　　　　　　　　　　完成パース　　　　　　　　　　　同左，平面図

5 ㎡ほどの小面積の中庭だが，三方から鑑賞することを意図して設計した。五石の
石組みと，石の台の上に乗せた袈裟形手水鉢が大きなポイントになっている。

12．岡山後楽園の自然石手水鉢

13．智積院庭園（京都市）の誰袖形

used as *chozubachi*. Their shapes include
roketsugata, *fusengata* (shaped like ancient
coins) and *rokkakugata* (hexagonal)
(photograph 10).

(3) Natural stone chozubachi can be entirely
naturally made (including the water reservoir),
or natural except for the man-made water
reservoir, or can have their entire upper face cut
in addition to the man-made reservoir. An
example of the latter is shown in photograph 13.

Not only the artistic value but also the
functions of *chozubachi* are important.
Accordingly their water reservoirs should be
sufficiently easy to use, and they should be kept
sanitary and free of moss.

14．栗林園（高松市）の自然石手水鉢

1. A beautifully designed decorative *teppatsu-gata* tsukubai.
2. *Kesa-gata tsukubai* at Saioin Temple in Kyoto.
3. *Tsukubai* using *rendai-gata chozubachi*.
4. *Tsukubai* using *kesa-gata chozubachi*.
5. *Chozubachi* and *tsukubai* located in a pond at Sanpoin Temple in Kyoto.
6. *Tsukubai* with a low-lying *chozubachi*.
7. Decorative *tsukubai* used as a major attraction at Seishoin Temple garden in Kofu.
8. A decorative *tsukubai* surrounded by a well frame.
9. *Tsukubai* using a *chozubachi* shaped like Mt. Fuji, at Kinkakuji Temple in Kyoto.
10. *Tsukubai* using a typical stone *chozubachi*.
11. *Tsukubai* using a natural stone *chozubachi* at the Kokin Denju Shoin in Kumamoto.
12. Decorative *tsukubai* harmonizes well with the surrounding stone formation.

1. 鉄鉢形を用いた飾り蹲踞の構成美

2. 西翁院(京都市)の袈裟形と蹲踞

3. 蓮台形手水鉢を用いた蹲踞

4. 伽藍石手水鉢の蹲踞

6. 低く手水鉢を据えた降蹲踞の景

7. 青松院庭園（甲府市）の主景となる飾り蹲踞

5. 三宝院（京都市）の池中に配された手水鉢と蹲踞

8. 井戸枠を用いた飾り蹲踞

●庭園に和風の雰囲気を出したいという時，蹲踞の景は最も多く用いられている造形の一つであろう。

それだけ手水鉢と蹲踞の景は，日本人に特に愛着を持たれているのであって，今では日本庭園の特色の一つにも数えられている。

狭い庭でも味わい深い景を作ることができるし，露地の感覚が出せることも，人気の秘密であろう。

ところが，この蹲踞という用語は，世間一般に誤解されて伝わっているようだ。

中央に置く水を入れる器（多くは石製）を，蹲踞だと信じ込んでいる人が多いのである。実はそれは正しくは手水鉢といわなければならない。

蹲踞というのは，低く据えた手水鉢の手前に，"前石"という人の乗る石を配し，周囲には排水のための流しを作り，右に寒中に湯に入った桶を出す"湯桶石"，左に夜の茶会の際の明り手燭を置くための"手燭石"などの役石を組んだ，全体の設備をいうのが正しい。

露地の蹲踞は，実際に使用するためのものだから，使いやすい寸法に役石を配することが大切である。また，捨てた水がはねないように，排水口には"水掛石"と称する石を置くのが普通である。

これを使う時，前石の上にかがんで，すなわち"つくばって"手や口を清めることから，蹲踞の名が出た。これは，別に「そんきょ」とも読む。

だから縁先などに高く手水鉢を用いたものは，蹲踞とはいわない。

また，露地の中で立ったまま使う形式の"立手水鉢"もある。これを立蹲踞という人があるが，矛盾した言葉であり，誤った用語である。

江戸時代の作庭秘伝書には，蹲踞手水鉢，という語がすでに見えているが，これは蹲踞形式の手水鉢という意味である。

蹲踞の語を，手水鉢の意として単独で用いた例は江戸時代にはまったく見当たらない。

一般の庭園に蹲踞を景として配する場合は，役石などにとらわれることなく，自由であってよいが，少なくとも前石だけは用いるのが常識である。

こういうものは，実際に使うことは少ないので，"飾り蹲踞"とも呼ばれる。

景であるから，筧などで水を引き，その水の動きや水音を楽しむのもよい。しかし，露地の場合では，このような筧は用いないのが本来の姿であり，精神でもあった。

Japanese have a warm spot in the heart for *Chozubachi* and *tsukubai* and they are among the most distinctive features of Japanese gardens. They can greatly enhance a garden's interest and attractiveness in a minimum of space, and many people like the association with *roji* (tea ceremony gardens).

Tsukubai refers to installations of low-lying *chozubachi* and stones known as *yakuishi* that are strategically placed nearby to facilitate their use. Many people think the word refers to the *chozubachi* proper, but that is incorrect. It refers to the entire installation of *chozubachi* and *yakuishi*.

The literal meaning of the word *tsukubai* is "squatting." To wash one's hands or rinse one's mouth with water from these low *chozubachi*, one must squat or sit on the *yakuishi* conveniently located nearby just for that purpose. This was common practice in the Momoyama Period when the tea ceremony was being developed. It matched the sensibilities of the votaries of the tea cult, who readily adopted the practice because of the ease of placing chozubachi in the *roji* (tea ceremony garden).

Because *tsukubai* placed in *roji* are actually meant to be used, it is important to size and place the *yakuishi* so they are easy to use.

9. 鹿苑寺（京都市）の富士形と蹲踞

10. ごく一般的な自然石手水鉢の蹲踞

11. 古今伝授書院（熊本市）の自然石手水鉢と蹲踞

12. 石組みと共に構成した飾り蹲踞

完成パース　　　　Prominent Use of *Tsukubai* in a Small *Roji*-Style Garden

蹲踞を景とした茶庭感覚の小庭

住宅敷地の一部に作った和室前の小庭。主庭からの木戸と，手前の沓脱石から飛石が蹲踞に延びる。蹲踞は自然石手水鉢を向鉢式に用いた構成。

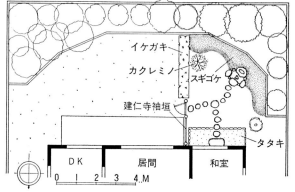

同左，平面図　　　　Complete view

水琴窟 *Suikinkutsu* (Ornamental Drain System for *Tsukubai*)

1. 排水の穴を掘った甕

2. 所定の位置に甕を生ける穴を掘る

3. 穴の底に小砂利を入れてよく突き固める

4. そこに甕を伏せて位置を確認する

5. 甕の位置にモルタルを塗りはじめる

6. 甕の直径に合わせて塗り込む

7. しっかりとコテで押え，中央を低くする

8. そこに甕を伏せる

9. 排水パイプを甕につなぐ

● 水琴窟とは，蹲踞の排水の部分に設ける，いかにも日本的な構造物で，捨てた水が清らかな音をたてる特殊な設備である。

数年前にNHKテレビに取り上げられて以来，急に一般にも広まり，最近では隠れたブームのようになっているきらいがある。

そのNHKの紹介の仕方が，いかにも一部の人が新たにこの設備を復元したかのような取材方法だったので，そのように誤解している人も多いが，実際は京都などでは以前からいくらでも作られていた。

このNHKの番組には，結果的に功罪両面があったと著者は考えている。功の面は，多くの人々にこの日本特有の美意識である，水琴窟というものを知らせたことであろう。

ところが，それが結果として水琴窟の真の意味をゆがめてしまったことは，罪の面といってよい。

NHKの取材は，水琴窟の美しい音をたたえることに集中してしまったので，以後水琴窟といえば，いかにしてよい音を出すか，ということが最優先されるようになってしまった。水琴窟を作るという業者も激増し，高価な甕までが売り出されるという過熱ぶりである。

しかし，水琴窟というのは，あくまでも蹲踞の付属品であり，蹲踞を使い水を流した時，意外にも清らかな音が聞こえてくるという，客に対する一種のサービスだったのである。

だからいくら良い音がしても，蹲踞や手水鉢自体の景色が優れたものでなければ，何の意味もない。

音はあくまでも付録だから，これまでにことさら水琴窟の音をうんぬんすることがなかったのは当然である。音の出ることを宣伝したり，蹲踞に「水琴窟」という看板を出すなどは，決して正しいことではない。秘めたる音こそ水琴窟の価値なのである。

ところが最近では，蹲踞や手水鉢などはどうでもよく，良い音を出すことが水琴窟の目的になってしまっている。蹲踞も作らず，甕だけを地中に生けて水琴窟と称している人も少なくないのである。

これでは，真の日本的な心，そして茶の精神とは言いがたい。心ある人は，少々このブームに嫌気がさしているというのが実情である。

誤説も多く，小堀遠州の創作だとか，中国に源があるなどと主張する人もあるが，実際は日本において江戸時代後期に考案されたものである。また，水琴窟の命名も，明治以降であることは間違いない。

The *suikinkutsu* (water echo chamber) is an eminently "Japanese" contraption that not only drains the water from tsukubai but also creates a delightful sound in the process. Whenever the *tsukubai* is used, some water flows into the underground *suikinkutsu*. The *suikinkutsu* amplifies this sound in a manner very pleasing to the ear.

Nevertheless, if the visual aspect of tsukubai or *chozubachi* proper is not up to par, even the best-sounding *suikinkutsu* is not going to mean much. Recently in Japan the *suikinkutsu* is enjoying a resurgence of popularity, so much so that some people have built just the underground echo chamber sans *tsukubai*! People are welcome to do so if they like, but strictly speaking these are not *suikinkutsu*, as *suikinkutsu* are always auxiliary to *tsukubai*. In fact, their sound is all the more pleasing because its source is not readily apparent, and this benefit is lost if the *suikinkutsu* itself is made the main attraction.

Many people also harbor misconceptions concerning the origins of *suikinkutsu*, some mistakenly attributing the origins to China. The truth is they were developed in Japan during the Edo Period, although the appellation *suikinkutsu* was given after the Meiji Period.

10. 甕の周囲にモルタルを打つ

11. 甕の縁をしっかりと塗り込む

12. モルタルを打ち終えた景

13. 横から見た景

14. 周囲を瓦で覆っていく

15. 瓦の周囲に小砂利を入れていく

16. 甕の周囲を石で覆う

17. 周囲は土で埋め戻す

18. 背後に手水鉢を入れ，流しを作り完成

1. Open drainage holes in an earthenware pot.
2. Dig a pit for the pot in the prescribed location.
3. Fill the bottom of the pit with gravel and thoroughly pound it down.
4. Place the pot in the pit and check the position.
5. Begin rendering cement in the spot where the pot is to be placed.
6. The cement should be spread to match the diameter of the pot.
7. Press firmly with the trowel to depress the center.
8. Place the pot over the cement.
9. Connect the drainage pipe.
10. Render cement around the periphery of the pot.
11. Thoroughly seal the edge of the pot.
12. The pot after cementing is completed.
13. Side view.
14. Cover the periphery of the pot with tiles.
15. Place gravel around the tiles.
16. Cover the outside of the pot with stones.
17. Refill the pit with soil.
18. Finally, seat the *chozubachi*, construct the water drainage path and everything is completed.
19. A *tsukubai* built by the author in Hangzhou, China. Immediately after completion.

Suikinkutsu Cross-Section

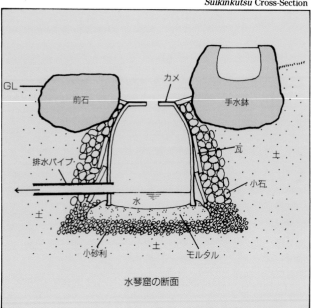

GL
前石　カメ　手水鉢
排水パイプ　瓦　土
小石
水
土　小砂利　モルタル　土
水琴窟の断面

19. 著者が中国杭州市に製作した蹲踞（完成直後）の景。水琴窟も設置してある

織部燈籠　Oribe Lanterns

1. 枯山水庭園の中心となる古式織部燈籠　　　　　1. Old-style Oribe lantern forming the centerpiece of a *karesansui* garden.

Stone lanterns date back to the Asuka Period (circa A.D. 600) in Japan, when they were brought here, along with Buddhist statues, from China via Korea. Their original purpose was to illuminate the front of Buddhist temples. Originally they had nothing to do with gardens.

The connection between stone lanterns and gardens came about after establishment of the tea ceremony and *roji* during the Momoyama Period. Initially stone lanterns for shrines and temples were used. Accordingly, stone lanterns prior to the Edo Period normally stood about 1.8 meters (nearly six feet) tall. Gradually stone lanterns were introduced that better matched *roji* and other gardens. From the early Edo Period smallish garden lanterns (*niwa doro*) began to be produced. There are many kinds, but the best known are Oribe lanterns (*Oribe doro*) and "snow-viewing" lanterns (*yukimi*

doro) (discussed in another section).

Oribe lanterns do not have a base at the bottom. Instead the square shaft is sunk directly into the ground. Oribe lanterns are representative of the class of "planted" lanterns. First produced in the Momoyama Period, these are among the oldest of the garden lanterns. The two oldest known existing specimens date from 1615.

One of the distinguishing features of Oribe lanterns is the way the top of the shaft swells out to the left and right, forming a circle when seen from the front or rear. Also, the "roof" is thick, similar to a thatched roof, and there is a protuberance on top resembling a lotus bud, called a *hoju*. Their name derives from Furuta Oribe, the Momoyama Period warlord and famous votary of the tea cult who is said to have produced the first ones.

It is widely thought that the swelling in the shaft of this lantern is borrowed from *gorinto* (lit. "five-circle tower": gravestones composed of a stack of five stone cylinders or spheres representing earth, water, fire, wind and heaven).

The shafts were originally plain, but later it became common to carve them with human effigies, and still later to carve Chinese characters or other markings in the circle at the top of the shaft.

The older Oribe lanterns were the best. During the Edo Period, their shape gradually tended to deteriorate. Photographs one, three, four and eight show specimens built by the author to specifications based on careful research and reproduction of the 1615 lanterns.

2. 深く生けた形式の中庭の織部燈籠

3. 織部燈籠の配置例

4. 古式織部燈籠の近景

●石燈籠は，もともとは飛鳥時代に，仏教と同時に大陸から日本に入ってきたもので，その目的は仏堂の前に献ずる燈明であった。だから，まったく庭園とは無関係のものだったのである。

　庭園とのつながりができたのは，桃山時代に茶の湯が成立して，露地が作られるようになってからであり，最初は寺社の石燈籠を転用して用いられたのであった。そのため江戸時代以前のものは，高さ1.80m以上の大きな作が普通であった。

　そこで，次第に露地や庭園に配して調和するような石燈籠が望まれるようになり，江戸時代初期頃から"庭燈籠"と総称される小ぶりのものが創作されるようになった。これにも種類は多いが，一般によく知られているのは，雪見燈籠【別項】とこの織部燈籠であろう。

　織部燈籠は，最下部の基礎がなく，竿を直接地面に生け込んで立てるので，庭燈籠の分類上は，生け込み燈籠の代表作とされる。別に織部形ともいい，桃山時代の末期に創作されたもので，庭燈籠の中でも伝統ある古い様式の石燈籠である。

　現在知られているものでは最古の作が，慶長20年(1615)の在銘品で，これは今のところ二基が確認さ

れている。織部燈籠の特徴は，竿の上部が大きく左右に丸くふくれていることである。

　また，屋根が，草葺屋根の形からとった起り屋根(ふくらんだ屋根)になっているのと，最上部にある宝珠が一種の筒形に近い形になっているのも，著しい特色である。創作したのは，桃山時代の武将で茶人として名高い古田織部であるといわれるが，はっきりしたことは分かっていない。

　最大の特徴である竿上部のふくらみは，石塔の一種である五輪塔婆の形から出たとする説が有力であり，丸く張りのある曲線を持っているものが古い作であることも分かっている。

　竿は初めは無地であったが，後に下の部分に人像を彫るようになり，さらに後には，上のふくらみの部分に，文字のような模様を彫るようになった。

　人物像は，地蔵信仰から変化したものと思われるが，後世にこの像をキリストあるいはマリア像と結び付け，竿上のふくらみを十字架と見て，この燈籠を，キリシタン燈籠，あるいはマリア燈籠と俗称するようになった。

　しかし今では，このような説は俗説として否定されており，キリシタン信仰史を研究している専門家

の間でも，キリシタンとはまったく無関係であることが定説となっている。

　京都の名高い名園，桂離宮庭園や修学院離宮庭園，さらには各地の大名の墓地などに，この織部燈籠が用いられているのを見ても，キリシタン説が誤りであることは明白といえよう。

　徳川幕府による熾烈なまでのキリシタン禁制と弾圧の歴史を思えば，キリシタンと無関係であったからこそ，この燈籠が全国に広まったと考えるのが妥当なのである。

　むしろ今日では，織部燈籠の起源が，菅原道真公を祭る天神信仰と深い関係にあることが分かってきており，まことに興味深い。

　この織部燈籠は，初期のものほど形が良く，江戸中期以降になると，次第に形が崩れる傾向が顕著になってくる。現在一般に市販されているものは，大部分が形の悪い作を写しているのが現実である。

　そこで著者は，最も形の良い慶長20年の作を精密に調査して製作し，自分の作庭の際はその復元作を古式織部燈籠として庭に用いることにしている。写真1，3，4，8はその用例であり，図もその復元図からとったものである。

5. 桂離宮庭園の織部燈籠

6. 京都仁和寺の珍しい基礎付き織部燈籠

7. 竿に文字のある織部燈籠

8. 蹲踞に添えて用いた古式織部燈籠

9. 池畔に立つ風雅な織部燈籠

2. Oribe lantern sunk deep in the inner court garden.
3. One example of how Oribe lanterns can be laid out.
4. Closeup of a traditional Oribe lantern.
5. Oribe lantern in Katsura Detached Palace garden.
6. Unusual Oribe lantern with a stone base in the Ninnaji Temple, Kyoto.
7. Oribe lantern with carving in the shaft.
8. Old-style Oribe lantern placed next to the tsukubai.
9. Elegant Oribe lantern at the edge of a pond.

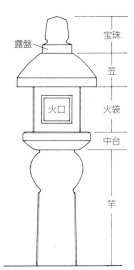

古式織部燈籠の立面図

Cross-Section of an Old-Style Oribe Lantern

織部燈籠を主体とした平庭
一面のタマリュウと左手の芝生敷きとの間に，円形の栗石敷き部分を設け，そこに立てた織部燈籠を庭の中心とした設計。飛石の打ち方にも変化がある。

完成パース

A Flat Garden Built around an Oribe Lantern

柚ノ木燈籠 *Yunoki* Lanterns

1. Beautiful *yunoki* lantern patterned after the original design.
2. Closeup of the *yunoki* lantern's interesting perch.
3. The restored base, an eight-leafed "lotus" design.
4. The original *yunoki* lantern in Kasuga Taisha Shrine.
5. Detail of the restored base.
6. A common imitation of the *yunoki* lantern.

1. 当初の姿に復元された柚ノ木燈籠の美景

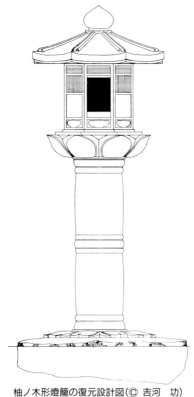

柚ノ木形燈籠の復元設計図（© 吉河 功）
Design drawing for restoration of the *yunoki* lantern.

2. 同，柚ノ木燈籠の特色ある中台

3. 復元した基礎。自然石に八葉の蓮弁を彫る

4. 春日大社の柚ノ木燈籠本歌

5. 復元した基礎の詳細

6. 一般的な模作品柚ノ木燈籠の実例

●古く信仰の対象とし，日本に入ってきた石燈籠は朝鮮半島の新羅の影響がまことに大きかった。

日本の天平時代頃の石燈籠が，新羅の古都である慶州などに多く残っているが，まことに優雅で美しい姿に魅せられる。

そんな古い燈籠は，日本にはほとんど残っておらず，その様式を伝える唯一の古い作としては，平安時代末期の作と推定される，この柚ノ木燈籠があるだけである。この燈籠は，柚ノ木形ともいい，奈良春日大社若宮の柚の木の下にあったので，柚ノ木の名が出たものであった。

しかし，名高い名品だけに，傷むのを恐れて近年宝物館入口の中庭に移され，保存されている。

古来，庭園の秘伝書などにも，この柚ノ木燈籠は庭園や露地に最も調和する名物燈籠として記載されている。それは古い燈籠でありながら，小振りな作であることが特に茶人達に愛されたのが原因であったと考えられる。事実，庭園に用いてもその上品さは群を抜いている。

したがって，これを本歌として，江戸時代頃から数多くの模作が作られ，現在でも多数のものが市販されているのである。

ところが，残念なことに，この柚ノ木燈籠は，完全に保存されているのではなく，三つの部分が失われ，後世のものに変わってしまっている。

それは，基礎，火袋，宝珠の三カ所である。したがって古いのは，竿，中台，笠の三カ所だけであるに過ぎない。古い石燈籠は，例外なく八角であって，この柚ノ木燈籠も古い中台と笠は八角である。今の後補の基礎は六角であるから，後世の作であることは明瞭である。

しかし，江戸時代以来今日に至るまで，この柚ノ木燈籠は，後補の部分をまるでそのままに模作しているために，実にバランスが悪い上に，当初の部分も不正確に作っているものがほとんどであり，似て非なるものになっていたのである。

そこで著者は先年，その失われた部分を復元して，最も当初の姿に近いものを作るため復元に着手し，苦心の末それを完成することができた。

写真1，2，3，5および図は，その復元作で，写真4は春日大社にある本歌である。また，写真6は一般の模作品であるから，比べればどこが違うか，すぐに理解していただけるものと信ずる。著者としても自信のある一作となった。

Stone lanterns, which came to Japan many centuries ago as objects for use in connection with Buddhist worship, were greatly influenced by the early Korean kingdom of Silla (Shiragi in Japanese). Japanese stone lanterns of the eighth century can be found in Kyongju (Keishu in Japanese), the ancient capitol of Silla. They have a truly classical beauty about them. There are practically none of these old stone lanterns left in Japan. The only example left is the yunoki stone lantern, which probably dates from the Heian Period. *Yunoki* is the species name of a citron tree that once stood over this stone lantern in Nara's Kasuga Taisha Shrine.

Stone lanterns imitating this design have long been admired for their beautiful harmony with roji and other gardens. These qualities are noted in ancient gardening chronicles. They are also favored by votaries of the tea cult because their relatively small size makes them easier to use. They are truly a delight to the eye.

Accordingly the original *yunoki* stone lantern has been widely imitated since the Edo Period. Lanterns of this type can be readily purchased today.

Photograph four is the original in the Kasuga Taisha Shrine and photograph six is of a commercial specimen.

雪見燈籠 *Yukimi* (Snow Viewing) Lanterns

1. 中島に用いた雪見燈籠の景。理想的な配置といえる

2. 八角形の代表作，泉涌寺形雪見燈籠（模作）

京都泉涌寺
雪見燈籠訂正圖
古寫本中撰出
實物調査ノ寸
法ニ依テ記ス

寶珠　　高五寸

笠八角　径三尺八寸
　　　　厚十寸余

火袋角　高八寸
　　　　厚一尺五寸

中臺角　径二尺五寸
　　　　厚二尺一寸

足四本　高二尺六寸
　　　　大サ五寸五分四方
　　　　跨キ内法二尺六寸

古書にある泉涌寺形雪見燈籠の図

1. *Yukimi* lantern ideally situated on a man-made island.
2. Typical octagonal specimen — a model of the *yukimi* lantern in Sen'nyuji Temple.
3. Three-legged *yukimi* lantern on a promontory in Ninomaru Garden, formerly part of the Edo Castle grounds.
4. *Romon yukimi* lantern in Kyoto's Sendo Gosho garden.
5. *Yukimi* lantern in the water. In Kanazawa's Kenrokuen.
6. A commonly seen type of four-legged *yukimi* lantern.
7. A three-legged *yukimi* lantern in Katsura Detached Palace, Kyoto.

Early Depiction of *Sen'nyuji-Gata Yukimi* Lantern

5. 兼六園庭園（金沢市）流れの中の雪見燈籠

3. 旧江戸城二の丸庭園の洲浜にある三本足雪見燈籠

6. 最も普通に見られる四本足雪見燈籠

4. 仙洞御所庭園（京都市）にある楼門雪見の一種

7. 桂離宮庭園（京都市）の三角雪見燈籠

● 庭燈籠の中でも，織部燈籠【別項】と共に特によく知られているのがこの雪見燈籠である。

その歴史については明確なことは分かっていないが，江戸時代初期には創作されていたと考えられる。

雪見燈籠は，別に雪見形ともいわれるが，その大きな特色は，中台の下に竿がなく，開いた脚とされていることである。

地面や庭石の上などにふんばるように置かれた姿には，独特な風雅な味わいがある。このように脚を持つ庭燈籠は，分類上，脚付燈籠と総称されるが，雪見燈籠はその代表作となっている。

脚には，三本足と，四本足があって，通常は三本足雪見，四本足雪見などと称するのである。

この燈籠のもう一つの特色は，広い笠の形にあるといえよう。この雪見という名称も，広い笠の上に積もった雪の風情を愛でての命名と考えられる。

笠の平面には，六角と八角があり，前者の例が最も多い。その場合には，火袋，中台共に同じ角数とされるのが普通である。六角のときは，その脚は三本，八角の時は脚四本の実例が普通であるが，六角に四本足，八角に三本足といった変則的な作も少なくない。

六角雪見燈籠の古い作例は，桂離宮庭園（京都市）に保存されている。

また，八角雪見燈籠では，孤篷庵庭園（京都市）のものが古いが，古来，泉涌寺庭園（京都市）にある泉涌寺形雪見燈籠が最もよく知られている。

写真1，2と図は，この泉涌寺形を紹介したものである。

また，雪見燈籠には，稀に四角，三角，丸，の作例もある。特に名高いのは桂離宮庭園にある三角雪見【写真7】であって，これは全体が三角形の意匠となった珍しい作となっている。

さらにこの燈籠は，水辺に配して美しいものとしてよく知られており，実例でもそのような用法が最も多い。流れの中に配した例もあって，これもなかなか味わい深いものである【写真5】。

他にも，雪見燈籠には変形が多く，下の脚を特に大きく高く作ったものを"楼門雪見"などと称している。写真4は，その一例といえるものである。

なかには，まことに巨大な姿の雪見燈籠を好んで庭に配する人もあるが，大きなものは形の崩れた作がほとんどであり，あまりよい趣味とはいえない。

Next to Oribe lanterns, *yukimi* (snow viewing) lanterns are among the best-known garden lanterns. Their history is not well understood, but they are thought to have been made in the early Edo Period.

One distinctive of this lantern is the lack of a shaft under the base. Rather, it has three or four legs that arch outward from the base. These lanterns crouching on the ground or atop garden stones make an unusual sight. Yukimi lanterns are representative of the class of "legged" lanterns.

Another feature of these lanterns is the broad kasa (lit. "hat"). The appellation *yukimi* comes from the resemblance to the accumulation of snow on a woven bamboo or rush hat.

The *kasa* is hexagonal or (less often) octagonal. In the former case the lantern usually has three legs, while in the latter, four legs. This is not a hard-and-fast rule, however.

Katsura Detached Palace in Kyoto has an early example of a hexagonal *yukimi* lantern. Octagonal specimens can be seen in the Kohoan Garden of Daitokuji Temple and in the Sen'nyuji Temple garden, both in Kyoto. Photographs one and two and the drawing are of the Sen'nyuji Temple type.

置燈籠 *Oki Doro* (Movable Lantern)

1. 中庭に用いた置燈籠の実例

1. Example of how *oki doro* can be used in an inner court.
2. Closeup of *bunshoan-gata oki doro*. The window represents a loose lotus petal.
3. Famous *misaki-gata oki doro* in Katsura Detached Palace garden.
4. Square *oki doro* with an unusual design in Katsura Detached Palace.
5. Unusual *sanko-gata oki doro* atop a huge rock.
6. The original *sanko-gata oki doro* in Katsura Detached Palace.
7. This hexagonal *oki doro* accents the pond scenery.
8. Unique placement of a unique hexagonal *oki doro* — right in the middle of a bamboo fence.

2. 分松庵形置燈籠の全景。窓は散蓮華の意匠

五輪塔形置燈籠のある坪庭

極く狭い坪庭を生かした設計で，三尊石組，背後の竹垣に対して，右手の平石に乗せた五輪石塔形の創作置燈籠が大きなポイントになっている。

完成パース

Tiny Garden Featuring a *Gorinto-Gata oki doro*

6. 桂離宮の三光形置燈籠本歌

3. 桂離宮庭園の名高い岬形置燈籠の景

4. 変わった意匠の桂離宮角形の一例

7. 池泉の景となる六角形置燈籠

5. 巨石に乗せた変形の三光形

8. 竹垣に組み込んだ珍しい六角形置燈籠の景

●最近の都会では，小面積の庭作りが特に重視されるようになった。

土地の値上がりによる敷地面積の縮小化によって，広い庭が取りにくくなったこともあるが，それとは別に，住宅建築の多様化によって，小さな庭園空間を，建物のアクセントとして使う傾向も出てきたからである。

その小庭園の中でも，10㎡もないごく小さな坪庭ともなると，どのようにして見せ場を作るかという点が案外むずかしい。

坪庭は，当然のことに実用的な庭ではなく，そこを美的空間として構成し，生活に豊かさをもたらすことに大きな目的がある。

小面積であるから，庭木などを入れると，かえって狭苦しくなるし，その環境としてもあまり植物には適していないことが多い。

そのため，石庭風にしたり，蹲踞を作ったり，石燈籠を配したりする例が増えているが，それも少々マンネリ化してきているように思われる。

その理由を考えてみると，使われる手水鉢や石燈籠などが，あまり形の良くない，韓国製などの大量生産品であることが多い。それで，どこにでもある

ような，平凡な景ができてしまうのである。

手水鉢や石燈籠などの石造美術品を点景として生かすのは，坪庭のような小庭園ではまことに良い方法である。だがその場合，石造美術品自体に美的価値がなければ，むしろ逆効果に終ってしまう。

思い切って良い作品を入れることが，庭の効果を高める秘訣となる。以前，一点豪華主義という言葉が流行ったことがあったが，坪庭には正にぴったりの考え方であろう。

しかし近年では，なかなか良い石造美術品は入手困難であり，見出しても高価だから，著者は微力ながら，これまでに独自の石造美術品の創作に努力してきた。ここでは，その内の置燈籠を紹介しよう。

写真1，2に示したのは，著者が設計した置燈籠とその用例である。春日大社の古い釣燈籠の意匠を基本としており，すべて一石造りの可愛らしい置燈籠となった。著者の庵号からとって，"分松庵形"と命名し，裏に"分"の一字が彫ってある。窓の一つを，散蓮華の形としたのも特色である。

置燈籠とは，石などの上にさりげなく置いて効果のある小さな燈籠で，古来知られたものに，岬形，三光形，手鞠形，寸松庵形，などがある。

In Kyoto recently small gardens are gaining greater attention. With rising land prices it is becoming more difficult to build large gardens, and among the changes in buildings being built is a growing preference for small garden spaces that provide an "accent" to buildings.

Using a *chozubachi* or stone lantern as a point of interest in a tiny garden is a good idea, but whatever you choose should be artistically outstanding in its own right. This might be less critical in a large garden, but for the small garden it means the difference between success and failure. If you put all your eggs in one basket, so to speak, it had better be an outstanding basket.

Unfortunately, recently it is difficult to obtain good stone art objects, and when you can find them the price often puts a severe dent in your wallet. Accordingly, the author often makes his own. Some of these *oki doro* (movable lanterns) are introduced herein. Photographs one and two show an *oki doro* designed by the author based on the hanging lantern in Kasukabe Taisha Shrine.

Oki doro are most effective when nonchalantly placed on a rock. Some of the better known types are *misaki-gata, sanko-gata, temari-gata* and *sunshoan-gata*.

その他の燈籠　Other Lanterns

1. 輪王寺庭園（日光市）の塔燈籠

●石燈籠の種類はまことに多い。そのすべてを紹介するのは不可能なので、ここでは、これまでに述べてきた石燈籠を含めて、総論的に解説し、写真では他の石燈籠等を見ていただくことにする。

石燈籠を大きく分けると、伝統的な石燈籠と、庭燈籠の二つに分けられることは前に記したが、庭園にも伝統的な形の石燈籠や、それを変化させたような作が、多く用いられていることに注意しなければならない。

そこで、庭燈籠の分類では、伝統的な石燈籠の形に近いものを立燈籠と称している。

それを含めて、庭燈籠の主な分類と実例を示すと次のようになる。

1　立燈籠————伝統的な石燈籠に近い形のもので、それと同様の細部を持つ（蓮華寺形【写真3】、南宗寺形、滝見形【写真5】、等）。

2　生け込み燈籠————竿を地中に生け込んだもの（織部形、曼殊院形、草屋形、水蛍形、辻形、等）。

3　脚付燈籠————中台の下に脚を持つもの（雪見形、琴柱形、後楽園形、等）。

4　塔燈籠————石造美術品の層塔の形をとったもの【写真1】。

5　置燈籠————庭石など台の上に乗せて用いるもの（岬形、三光形、寸松庵形、手鞠形、等）。

6　変形燈籠————以上の分類に入れることの困難な変形の作（勧修寺形、袖形、八幡形【写真6】、等）。

7　寄燈籠————別の石造美術品の細部などを寄せ集めて作ったもの【写真7】。

8　改造燈籠————本来は石燈籠でないものを燈籠に改造したもの（瓜実形、等）。

9　化燈籠————自然石を積み重ねて作ったもので、山燈籠ともいう。

燈籠について知りたい人は、まず基本となる伝統的な石燈籠の細部名称を覚えることが大切なので、次頁の図を参考にしてほしい。

なお、燈籠には、石燈籠だけでなく、金属で作った金燈籠や、木製の木燈籠もある。

また、用法としては、上部から釣り下げて用いる"釣燈籠"【写真8】もあり、これも巧く使えば、まことに良い味わいを出すことができる。

Stone lanterns are largely grouped into (1) traditional lanterns and (2) garden lanterns. Here are examples of the most common garden lanterns.

1. *Tachi doro* ("standing lanterns") — Garden lanterns built in imitation of traditional lanterns.

2. *Ikekomi doro* ("planted lanterns") —Lanterns with shafts sunk into the ground.

3. *Ashitsuki doro* ("legged lanterns") —Lanterns with legs attached to the base.

4. *To doro* ("stupa lanterns") — Lanterns in the shape of stupa or pagodas with multiple tier *kasa* (photograph one).

5. Oki doro ("movable lanterns") — Lanterns placed atop garden stones or a dais.

6. *Henkei doro* ("variation lanterns") —Lanterns that do not fit easily into any of the above categories.

7. *Yose doro* ("aggregate lanterns") — Lanterns made by assembling parts of other stone art objects.

8. *Kaizo doro* ("reformed lanterns") — Lanterns made by modifying or forming another stone object into a lantern.

9. *Bake doro* ("disguised [lit.: transformed] lanterns") —Lanterns made by assembling natural stones.

2. 四角形石燈籠の一例

3. 蓮華寺(京都市)の蓮華寺形本歌

4. 浄瑠璃寺(京都府)の名品石燈籠

5. 修学院離宮庭園(京都市)の滝見形

6. 松花堂露地(八幡市)の八幡形

宝珠
請花
笠
蕨手
火袋
火窓
火口
中台
請花
竿
節
反花
格狭間
基礎
基壇

伝統的な石燈籠の部分名称
A Traditional Stone Lantern

7. 著者作の屋形燈籠の実例

8. 金属製釣燈籠の一例

1. Stupa lantern in the Rinnoji Temple garden, Nikko.
2. One type of square stone lantern.
3. Original *Rengeji-gata* lantern in Kyoto's Rengeji Temple.
4. Stone lantern masterpiece in Kyoto's Joruiji Temple.
5. *Takimi-gata* lantern in Kyoto's Shugakuin Detached Palace garden.
6. *Hachiman-gata* lantern in the Shokado *roji*, in Yahata.
7. *Ya-gata* lantern built by the author.
8. One example of a metal hanging lantern.

添景物 Garden Ornaments

ししおどし *Shishi-Odoshi*

１．太い青竹による，ししおどし。枯流れの末端に構成

２．蹲踞に添えて作ったししおどし

1. *Shishi odoshi* using a stout piece of bamboo.
   Placed at the end of a *karenagare* ("dry rapid").
2. *Shishi odoshi* placed next to a *tsukubai.*

３．細竹のししおどし。筒に水を受けている

４．同左。水が排水された瞬間（直後に音が出る）

●著者の主催する日本庭園研究会には，外部から庭園に対してのいろいろな問い合わせがあるが，中でも多数をしめているのが，ここに述べる"ししおどし"についての質問である。

テレビの時代劇はもとより，現代ドラマにもしばしば登場し，世間一般にも大変好まれているわりには，意外にその実態は知られていないようなので，少々解説を加えておきたいと思う。

まずその名称だが，"ししおどし"の他に，"そうず"とも呼ばれ，「添水」あるいは「僧都」の文字が当てられている。"しし"とは，昔は広い意味で，人間の狩猟の対象となり，肉を取る動物を言ったものであった。普通は，シカやイノシシを指し，特にこの両者のどちらかを区別する時には，カノシシ，イノシシ，などといった。

"おどし"は，驚かしの意味であり，シカやイノシシは畑などを荒らすので，それを防ぐために，音を出して動物を驚かし，追い払うための器具として作られたのが，"ししおどし"の最初らしい。

それが農村で普及するにつれ，風情ある音が，田舎の風情として人々に好まれるようになり，やがて庭の付属物として次第に愛用されるようになったも

のと考えられる。

「添水」は，水を竹筒に流し入れて竹を動かし，音を出すために水辺に添えるもの，といった意味。

「僧都」は，その当て字とも思われるが，室町時代にはすでに「僧都は秋の田にあり，鳥獣を驚かすもの」と記された文献がある。

一説には，玄賓僧都という備中国の僧侶が考案したもの，ともいうが，たぶん伝説であろう。

これを使った庭としては，近年京都の詩仙堂庭園や西芳寺庭園が有名だ。どちらの例も，山がすぐ近くに迫った理想的な所にあるので，ししおどしの音も山にこだまして一段とよく響く。

住宅庭園では，相当念を入れて作っても，その響きが出ないことが多いから，主に庭園の景として設置されることになる。その場合は，各庭に合わせて作るのが普通である。用いる竹によってさまざまな作り方があるので，詳しくは書けないが，通常はマダケの長めの節の三節から四節ある丸竹を使う。

これを動かすための軸を入れる位置が微妙で，その位置と節の長さで音の出方にも差がある。

竹の当る部分に入れる石は，"叩き石"といい，この石の硬さによっても音色は違ってくる。

Shishi odoshi literally means "deer [or boar] chaser." This contraption was originally used to frighten pesky deer, boars and other animals that might be tempted to brunch in your vegetable patch.

However, besides its original utility on farms, it became popular with gardeners for its pleasing sound and association with the countryside.

If the *shishi odoshi* is placed next to a hillside, the sound is amplified, but in the absence of such a hillside, no matter how carefully you make it, it is difficult to obtain the same sound. In such cases, its primary value is visual, rather than aural.

Depending on the bamboo and design chosen, there are many ways of making *shishi odoshi*, too many to describe in detail here. Normally a three- or four-"joint" length of common bamboo is used. Determining the best pivot point is a bit tricky, and the tonal quality of the sound varies depending on the pivot point and the length of the tube. The hardness of the stone which the bamboo strikes also colors the sound.

3. Slender bamboo *shishi odoshi* filling up with water.
4. The full tube pivots, dumps its water and falls back to smack against the stone with a loud **report**.

噴水　Fountains

1. 日本庭園に設けられた噴水の一例

2. 兼六園（金沢市）にある日本最古の噴水

3. 洋風庭園の噴水

4. 三段重ねの噴水

5. 本格的な洋式噴水

●暑い季節になると，清らかな水は，その冷たさばかりでなく，視覚的にも私達に清涼感を満喫させてくれる。日本は，水の美しさと味の良さでは，昔から世界有数の国であった。島国でありながら，いたるところに美しい山景があり，そこから流れ出る川は，近年のように公害の影響がなかった時代には，ほとんどが清流であった。

文化的に大先輩の中国でも，これだけは日本にかなわなかった。鎌倉時代に日本に渡来した中国の名僧大覚禅師（蘭溪道隆）は，「蜀地雲高く，扶桑（日本の意）水快し」という名言を残している。水の清らかなことが，日本の象徴だったのである。

この日本に，明治維新後，どっと西洋文明の波が押し寄せた。庭園にもその傾向は大きく表われ，時流に乗った人達の間に，洋式庭園を作ることが流行した。広い芝生敷き，整形の刈込みなどと共に，洋風庭園の特色として，大いに好まれるようになったのが噴水であった。一時は，本格的な日本庭園の中にまで，噴水が設けられるほどだった。

噴水は，さまざまな水の楽しみ方の中では，最も立体感のあるものだが，その起源は古代ギリシャで神にささげる神聖な水であったといわれる。

それが時代と共に次第に装飾化し，現代では水を高く噴き上げたり，刻々と姿を変えて噴出させたりまた，夜は美しい照明で飾ったりするものなど多種多様なものが作られている。水の動きそのものが，一つの作品として表現されるようになった。

しかし，このような大規模な噴水は，あくまでも公共庭園向きで，住宅庭園にはなじまない。また，小さな池の中にも取り付けられる噴水ノズルもあるが，やはり貧弱である。

そこで，庭に噴水を設けたいと希望される場合はヨーロッパ風の彫刻を主体としたものをおすすめしたい。これだと，少量の水でも美しい景が見られるし，水を止めても庭の飾りとして十分に生かすことができる。本格的なものでなくても，今では練り大理石製の比較的安い彫刻風の噴水が発売されており，高さが約2mもある三段噴水など，かなり豪華な感覚のものもある。

もっとも，日本でも遠く飛鳥時代には石を彫刻した特殊な噴水があり，その遺物が保存されている。

また，金沢の兼六園には，水の落差を利用して丘の上に噴き上げる，江戸時代末期のものが現存しており，日本最古の噴水といわれている【写真2】。

From ancient times Japan has been famous its for clean, delicious water. Before Japan's industrialization, the entire archipelago flowed with crystal-clear streams.

Following the Meiji Restoration that brought the Edo Period to a close, a wave of Western culture flooded into Japan, and with it Western-style gardens became popular. These include broad lawns and geometrically planted and trimmed plants, but Japanese became especially fond of Western fountains, so much so that at one point fountains were even built in otherwise pure "Japanese" gardens.

Of course, it is next to impossible to built something so complex in your home garden, so when people say they want to build a fountain, I recommend one centering on a European sculpture with relatively simple waterworks. Such fountains can look truly charming in a home garden, even with a small amount of water.

1. One example of a fountain used in a Japanese garden.
2. The oldest existing fountain in Japan, in Kanazawa's Kenrokuen.
3. A Western-style garden fountain.
4. A three-tiered fountain.
5. A full-fledged Western-style fountain.

洋風彫刻 Western Style Sculptures

1．エンゼル像

2．乙女の像

3．エンゼル像

4．母子像

5．花を持った乙女像

6．裸婦像

7. イタリア古代彫刻（複製）

8. 奔馬像

1. Cherub
2. Virgin
3. Cherub
4. Mother and child
5. Virgin with flowers
6. Nude
7. Early Italian sculpture (replica)
8. Horse
9. Swan and child
10. Fish

9. 白鳥と子供像

10. 怪魚の像

●洋風庭園は，日本庭園と比べると，非常に装飾的であることが特色になっている。

日本庭園は，自然石を巧みに組み込む石組みが，造形の中心になっている。

これに対して，洋風庭園では，石を彫刻して庭に飾ることが広く行われてきた。特にヨーロッパの庭園と，古代ギリシャ時代からの伝統を持つ彫刻物が豊富で，それを見ることも，庭園観賞の大きな楽しみになっている。

同じように石という素材を扱った庭園でも，自然石の風雅さを愛する日本人や中国人などの東洋系民族と，石を彫刻して美を主張するのが伝統のヨーロッパ系民族とでは，文化性の違いが明確に現われてくるのである。

自分の庭に洋風庭園の雰囲気を出したいと望む人にとって，このような彫刻物は，大変魅力のある存在であるようだ。

ところで，ヨーロッパ庭園の彫刻物は，大多数が大理石製であって，今こうしたものを求めるとなると，かなり高価なものになってしまう。

しかし，現在では本場イタリアでも，大理石の粉を練って作る彫刻風の庭園置物が多くなっており，日本にも多数輸入されている。

これだと，大理石の味わいが残っているうえに，本格的な彫刻より一桁は安くなるので，予算的にも手頃といえるであろう。また，丈夫であり，風化にも強いといわれている。

この練り大理石製の彫刻物には，ビーナス，エンゼル，小便小僧，ライオン，ハクチョウ，馬，魚，などがある。このほか，フラワーポット，花台，ガーデンテーブル，イス，噴水などさまざまな種類とサイズのものがある。

最近では大都市の郊外などに，こうしたものをたくさん集めた洋風庭園の材料店や，その店を兼ねたドライブインなどが作られているようだ。

写真1はそうした店の一つで撮影したもので，笛を吹くエンゼル像をさりげなく配している。

イタリアからの輸入品で，高さ60cmほどの小さい像だが，しゃれた台の上に乗せて高く用いることによって，芝生やレンガタイルの通路など，周囲との調和がうまくとれ，洋風の味わいを出すことに成功していると思う。

このほかに，日本人彫刻家の作品を庭園に配した例もあって，これも洋風庭園によく合っている。

Generally speaking, Western gardens place far greater emphasis on decorative aspects than Japanese. In Japanese gardens, the main garden formations are rocks. By contrast, many Western gardens employ stone sculptures.

Europe in particular has a sculptural tradition dating back to ancient Greece, and they form the centerpieces of many gardens.

So while stones are prominent features of both Western and Eastern gardens, the Japanese have favored natural stones, while Europeans have favored sculptured stones.

Understandably, many people would like to have sculptures in their gardens. While sculptures carved from marble are expensive, one can get statues molded from marble powder held together by some sort of cement. These cost less while retaining many of marble's attractive points, including durability.

Naturally the motifs are not unlimited: Venus, cherubs, little boys "taking a leak," lions, swans, horses and fish are typical. You can also get molded marble flowerpots, garden tables, chairs and fountains in various shapes and sizes. Photograph one was taken at a garden supply center.

飾り鉢　Flowerpots

１．鉢形の飾り鉢。台に特色がある

２．低い鉢形飾り鉢

４．グラス形飾り鉢

３．一般的な飾り鉢

５．飾り鉢の用例。高低の変化がよい

6．陶器製の飾り鉢

7．美しい飾り鉢の構成

8．玄関先に配した飾り鉢

1. Decorative flowerpot with an interesting
   base
2. Low-lying decorative flowerpot
3. Typical decorative flowerpot
4. Glass decorative flowerpot
5. Example of how decorative flowerpots
   can be used. The variations in height
   are good
6. Earthenware decorative flowerpot
7. Beautiful decorative flowerpot
   configuration
8. Decorative flowerpot in front of the
   house entrance
9. Square decorative flowerpot
10. Barrel used as a flowerpot.

9．角形の飾り鉢

10．タルを流用した実例

●生活の洋風化や，盛んな海外旅行の影響もあって
か，最近庭に洋風の味わいを取り入れようとする人
が増えている。

そこで，テラスに芝生敷きといった固定的な洋風
庭園の観念から一歩進めて，いろいろな洋式の特色
を庭に生かしていくことを考えたい。

一口に洋風庭園といっても，それには多くの種類
があるし，本場のものは，面積も随分広い。

だから，それをどのように日本の住宅庭園に応用
するか，というところが難しい。

洋風庭園のイメージとしては，まず，噴水【別項】，壁泉（壁や岩の隙間から水を流すもの），整形
池，装飾舗装，庭園彫刻物【別項】，などを思い浮べ
るが，さらに季節の花々を色彩豊かに用いる花壇も，
大きな特色といってよい。

草花を植えて楽しむような花壇であれば，特に問
題はないが，本格的な花壇ともなると，ある程度の
面積が必要となり，維持管理に意外に手間も金もか
かるものである。常に美しい花を絶やさないために
は，花壇面積の数十倍の土地（畑）が必要とさえいわ
れている。

そこで，もっと手軽に洋風の感覚を味わいたい人
のために，推奨したいのが，飾り鉢（フラワーポット）
である。

これにも，通常の鉢形のものや，角形，グラス形，
カップ形，などさまざまなものがあり，用法からし
ても，窓際に置く形式のものや，上から釣るものな
どがある。

ただし，庭園に置くものは，単に花や植物を楽し
むだけではなく，ポット自体が美しく，十分に観賞
にたえるものであることが大切である。

たとえ花のない季節でも，庭の景として眺めるこ
とのできるものが理想であろう。写真1は，そのよ
うな彫刻の美しい飾り鉢の代表作といってよい。

庭園彫刻と同じく，イタリア式庭園などには，大
理石製の見事な作があって，それ自体が立派な芸術
作品となっている。最近では，日本でも白セメント
などで作った比較的安価なものが市販されており，
好みのデザインの鉢を庭に置くだけでも，かなり洋
風の雰囲気を盛り上げることができる。芝生の緑と
の調和も，色彩的に美しい。

飾り鉢は，普通庭園空間に固定させて置くものな
ので，常に花を植えかえる準備をして，四季の花を
見せるように配慮することが理想である。

As more and more travel and do business
overseas, Japanese people increasingly take
pleasure in things Western. The area of
gardening is no exception.

While there are many different kinds of
"Western" gardens, a thoroughly "Western"
garden is generally large and difficult to make in
Japanese homes.

Many people, when they think of Western
gardens, envision fountains, ponds, decorative
pavements, statuary and other large objects, plus
planters full of many colorful flowers, each
blossoming in their season.

One much simpler way to achieve a "Western"
touch is by using Western-style decorative
flowerpots. There is a nearly infinite variety of
decorative flowerpots and possible arrangements,
including hanging, placing on windowsills, on
tables, on the floor or directly on the ground.

It is recommended, however, that you choose
flowerpots which look attractive even when their
flowers are not in season. Photograph one
shows a fine example of such a flowerpot.

Normally, flowerpots are left in a particular
place in the garden and the flowers changed
according to season.

照明 Illumination

1．外部の明りも兼ねた，美しい照明配置の実例

２．門前のシンプルな照明

３．植マスの中に立てた照明

４．前庭の照明手法

５．下側を照らす形式の照明

６．前庭のアイビーと照明

1. This lamp combines excellent utility and a beautiful configuration
2. A simple lamp in front of the gate
3. A lamp inside the planter
4. Front garden illumination method
5. This lamp throws its light downward
6. Front court ivy and illumination.

●庭園の明りには，その用途から見れば，大きく分けて二種類があると考えてよい。

それは，主に庭の景色として配されるものと，実用的な夜の照明として設置されるものとである。

前者の代表は，江戸時代の初め頃から庭に使われるようになった石燈籠であり，後者は，庭園灯といわれるものに集約される。

石燈籠は確かに風雅でよいが，照明としての用途となると，それほどの明るさが得られず，不満足なことが多いものである。

そこで現代では，夜の外部空間を明るく彩り，庭の美を引き立てる庭園灯が，大きく注目されるようになってきた。各種の庭園灯を製作するメーカーも増えてきている。

庭園灯には，大体三つの流れがあって，単なる照明だけを重視したもの，和風の燈籠の形式を取り入れたもの，現代的な洋風感覚のもの，に分けることができる。

庭を照らすという目的であれば，その方法には，庭園内にポールを立ててその上に明りを灯し，周囲を広く照らすものと，建物の軒下などに取り付け，サーチライトのように庭を照らす方式とがある。

どちらも一長一短があるので，それをよく考えて設置することが必要である。

庭園の照明は，明るいだけでは意味がない。やはり庭に配置するものは，そこに美的感覚がないと，昼間の景として見るのに抵抗がある。

最近は，かなり良いデザインのものも作られているが，私達の目から見ると，和風感覚の庭園灯に好ましい形のものが少ないのは意外だ。このあたりにメーカーなどはもっと力を入れるべきだと思う。

それに対して，洋風感覚の庭園灯には，シンプルな作や，アート的な斬新なデザインのものまで，かなり多くの作品が見られるようになった。

これらは一見，公共庭園向きのようにも思われるが，現代住宅の外部照明としても，用途が広い。特にシンプルな円柱形の庭園灯は，場所もとらず明るさも適当で，前庭や庭の一隅に配するとよく引き立つ【写真２，４，６】。また最近は，このような照明を，積極的に庭園造形の一部として生かして行こうとする傾向も見られる。

庭園灯には，特殊ガラスなどを使用し，風雨や熱だけでなく，外部からの衝撃にも強いものが作られているのは嬉しい。

Illumination can be divided into two broad categories: illumination that serves as a garden decoration in its own right, and utilitarian illumination that helps you get around safely in the dark. The premier example of the former is the stone lantern, which has been used in gardens since the early Edo Period. The latter can be grouped under the heading "garden lamps."

While stone lanterns have great aesthetic appeal, they are not very efficient when it comes to providing lighting. Accordingly, garden lamps have become increasingly popular for enhancing the garden's utility and beauty at night. A wide variety are commercially available.

Garden lamps include purely utilitarian "light sources," Japanese-style decorative lamps and modernistic/Western-style decorative lamps. Furthermore, lamps can be placed on posts to throw their light evenly in all directions, or placed under the eaves to throw their light in spotlight fashion. Each has its own advantages and disadvantages, so you should consider your needs carefully before installing them. And please give due consideration to aesthetic aspects. If the selection or layout of the lamps is poor, they will not add much and may even detract from your garden.

庭園のポイント　Garden Highlight

1．ポイントに石造宝塔を用いた庭

2．植栽の下に，埴輪を配した実例

1. Buddhist stone statue used as highlight.
2. Naniwa (earthenware warrior effigy) placed under a tree.

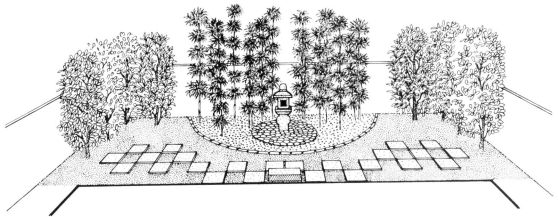

織部燈籠を中央に用いた左右対称の庭園例（設計・作図　高橋一郎）

Symmetrical Garden Layout Centering on Oribe Lantern
(design and illustration by Mr. Ichiro Takahashi)

●私達が，ふだん何気なく使っている庭という言葉も，実際はまことに広い意味を持っている。

古くは，建物近くの平らな空間（地面）をいい，庭木も石も置かず，主に儀式などの場に使われていた。だから，庭には“場”という意味もあり，“大庭”と書いて「オオバ」と読む姓は多い。

そんな伝統から，農家の土間などを今でも庭といっている地方もある。

本来の庭園は，その庭の奥に作られたものだが，やがてそれが一つになって，現在私達のいう庭園になった。

したがって，庭といえば一定の形式があると思うのは誤りで，住宅の庭なら，やはり住む人の好みによっていろいろに活用するのが，本来のあり方といえよう。樹木が好きな人は，植木中心の庭，盆栽が趣味の人はそれを飾る庭を作ればよい。

子供に開放して砂場やブランコを作っても，今流行の家庭菜園にしても，あるいは土のままにしておいても，それは庭に違いない。

ただ，日本人には昔から，住居に面した庭は清らかで美しいものにしておきたい，という願望があった。住宅庭園が小規模になってきた今日では，どう

しても実用的な使われ方が増えているが，それでも植木を入れ，何とか見栄えをよくしたいと考えている人は少なくない。やはり，見て美しく，心の休まる庭が私達の好みに合っているのだ，と思う。

本格的な庭園でなくても，ちょっとした気配りが庭を引き立てるものであって，一番大切なことは必ず何等かの見所を作ることである。

例えば，樹木の庭だったら，むやみに植込むのではなく，形のよい主木を生かし，それを中心にして景を作るのがよい。また，常緑樹と落葉樹のバランスも大切である。庭が何となく木ばかりになってしまったので変化をつけたい，という時には，植物と対照的な彫刻物や，焼物などをポイントとして入れると，それだけで意外に美しい効果を上げられることがある。写真2は，庭の一画のヒイラギナンテンの下に，さりげなく埴輪を配した例。古代の素朴な造形である埴輪が，庭の緑と調和して魅力的だ。

庭に置く景のポイントとしては，このほかに石造美術品各種，壷，瓶，金燈籠，などがある。

いずれにしても，形のよいものを選んで配することが最も大切であって，グロテスクなものは避け，あくまでも上品さをモットーにしてほしいと思う。

Many people think there is a fixed formula for landscaping. This is not the case, although there are many gardening techniques. In home gardening, the rule has always been to use a variety of methods according to the homeowner's preferences. The tree lover's garden centers on trees, the *bonsai* aficianado's on *bonsai*. Still, the unifying theme in all Japanese home gardens since ancient times has been to achieve a pure, unsullied beauty. The Japanese garden aspires to visual beauty and inner tranquility.

Even if you don't go all-out, with a little effort you can (and should) include at least one special interest feature or "highlight" to your garden, because this will enhance the entire garden. For example, if your garden emphasizes trees, get high-quality specimens and carefully plant them for optimum effect, making them central to some garden scene. Another beautiful and highly effective technique is to use sculptures or ceramic objects that complement and contrast with your plants. Two examples are shown in the photographs.

Just to mention a few other items that are easy to use effectively, you might also consider highlighting stone art objects, pottery or metal lanterns in your garden.

古庭園　Ancient Gardens

『作庭記』と古代庭園　*Sakuteiki* ("Chornicle of Gardening") and Ancient Gardens

1．浄瑠璃寺庭園（京都府）。中島を通して九体阿弥陀堂（国宝）を望む

1. Joruriji Temple garden in Kyoto. Looking over an artificial island toward the Amitabha Hall, a national treasure.
2. Garden excavated from the remains of Heijokyo.
3. Pond and rock arrangements from the same garden.
4. Beautiful curved promontory in the Moetsuji Temple garden, Hiraizumi, Iwate Prefecture.
5. Varied rock arrangement in the same garden.
6. Recently excavated conduit in the same garden.
* Part of the Tanimura Family's Facsimile Edition of the *Sakuteiki*.

2．発掘された，平城京曲水庭（奈良市）全景

3．同庭，池泉と石組みの細部造形

4．毛越寺庭園(岩手県平泉町)の美しい洲浜曲線

谷村家本『作庭記』の部分 ＊

5．同庭，出島と変化に富んだ石組み手法

6．同庭から最近発掘された遣水

●日本庭園は，日本が世界に誇る庭園芸術だが，もう一つ，世界的にも貴重な古い庭作りの書物が保存されていることは特に注目される。

それが『作庭記』であり，最古の本格的な作庭秘伝書として知られている。その成立が平安時代後期であることはほぼ間違いない。

残念ながら原本は残されていないが，最も古い写本が金沢市の谷村家に巻物として所蔵されており，谷村家本『作庭記』として，現在重要文化財に指定されている。この谷村家本は，以前は加賀前田家の所蔵であって，古くは『前栽秘抄』といわれていたが，後に『作庭記』と命名されたものである。

この谷村家本が筆写された年代には諸説あり，鎌倉時代初期説が強かったが，著者は最近，その筆者が慈信僧正(鎌倉時代後期の法相宗の大僧正で，藤原実経の子，道家の孫にあたる)であるという研究結果を発表した。【『庭研』267号】

『作庭記』原本の編纂者は，平安時代末期の藤原俊綱(伏見修理大夫)である可能性が極めて高い。

その内容は，庭作りの基本的な考え方から始まって，園池の構成，島の各種，滝の各種，遣水の作り方，石の組み方，樹木のこと，泉のこと，など多岐にわたっており，このような古い時代に，これだけ詳細な秘伝書が伝えられていたことに驚かされる。

また，庭園史を研究する場合にも，この『作庭記』にある数々の基本的な記述が，重要な参考資料になっているのである。

1975年に奈良市平城京跡よりほぼ完全な姿で発掘された平城京曲水庭(奈良時代の作)も，この『作庭記』の内容に近い造形を持っており，このような庭園の技法が伝えられ，『作庭記』として編纂されたものと思われる。

現在，『作庭記』系統の庭園として保存されている平安時代庭園には，大沢池嵯峨院跡庭園(京都市)，浄瑠璃寺庭園(京都府)，法金剛院庭園(京都市)，円成寺庭園(奈良市)，毛越寺庭園(岩手県平泉町)，観自在王院庭園(岩手県平泉町)，白水阿弥陀堂庭園(いわき市)などがある。

中でも，毛越寺庭園は，最もよく『作庭記』の記述と共通しており，最近遣水の流れも発掘されて，平安朝の華やかな庭園文化を，今もみちのくの地に花開かせている。

Japanese gardening is among the most sophisticated of the many formative arts, a cultural heritage worth sharing with the whole world. There is also an ancient, immensely important book on the subject, the *Sakuteiki* ("Chronicle of Gardening"). The oldest known existing book on Japanese gardens, it dates from the late Heian Period. Unfortunately no original editions have been discovered, but the oldest known facsimile is owned by the Tanimura family in Kanazawa, and has been designated an Important Cultural Property by the Japanese government.

It is amazing that so many elements of gardening are covered in this work, indicating the level of sophistication that had already been reached. This work and its contents were secrets handed down over many generations. Its diverse topics include basic principles of gardening, composition of garden ponds, islands, waterfalls, water conduits, rock arrangements, trees and springs. This work is indispensable for anyone researching the history of Japanese gardens.

While excavating the remains of Heijokyo, the ancient capital in what is now Nara, a nearly perfect garden was discovered that closely follows the principles outlined in the *Sakuteiki*.

大名庭園　*Daimyo* (Feudal Warlord) Gardens

1. 旧芝離宮庭園（東京都）に作られている，中国杭州市西湖の"蘇堤"写しの景

2. 杭州市西湖の"蘇堤"は長く2.8kmもある

3. 同上，"蘇堤"に架けられたアーチ橋

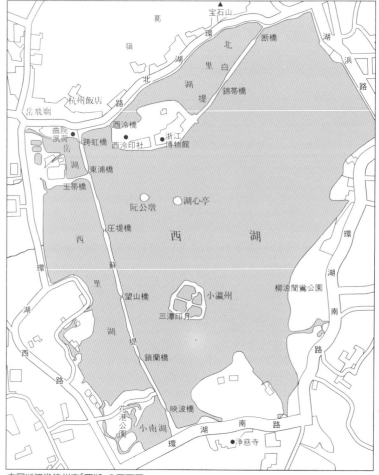

中国浙江省杭州市「西湖」の平面図　Layout of Lake Xi-fu in Hangzhou, Zhejiang Province, China

4. 後楽園庭園（東京都）の"蘇堤"は最古の作であり、"西湖堤"といわれている

5. 養翠園庭園（和歌山市）にある"蘇堤"の景

6. 後楽園庭園（東京都）内にある、貴重な中国式アーチ橋

7. 縮景園庭園（広島市）にある堤とアーチ橋

●日本人には、古くから中国文化へのあこがれがあった。漢字の移入、仏教伝来を初めとして、中国から受けた恩恵は数知れない。しかし、日本人はそれをうまく自国に適応させ、新たな文化を構築していったこともまた事実である。

日本庭園にしても、すでに平安時代以前から日本化の傾向が顕著であったことは、遺構の点からも証明できる。中国的な思想、例えば蓬莱神仙思想などを色濃く取り入れながら、その造形はすでに日本独自のものに変化していたのである。

ただ、日本人は中国の絵画や漢詩などの芸術や文学、あるいは仏教や儒教思想の影響などから、中国の風光名勝等に強い思慕の念を持っていた。

庭園にも、日本的な造形でありながら、中国の故事や景勝地などをテーマにしているものが多い。

その傾向が最も強くなったのは江戸時代であると考えられる。それは、徳川幕府が中国の儒教を国の基本精神として取り入れ、諸大名もすべて儒教的教養を身に付けるようになったからである。

この事実は庭作りにも明確に表われ、特に大名庭園には、中国的名称や風景を写すことが好まれた。

その中国的な景色の内でも、最も諸大名のあこがれの的となったのは、中国浙江省杭州市にある西湖であった。現在においても、中国屈指の景勝地で、地上の楽園といわれる杭州西湖の景は、絵画や詩文などで早くから日本にも伝えられていた。

有名な室町時代の水墨画家雪舟も、西湖の景を描き残している。大名庭園では、かなりの庭が名高い"西湖十景"にちなんだ景を取り入れている。

西湖にあこがれ、その風景を最も早く庭園に移入した人物は、一般に水戸黄門として知られている徳川光圀であった。

光圀は、明国から日本に亡命してきた偉大な儒者で大学者でもあった朱舜水を師として迎え、その指導により、自らの江戸上屋敷の庭内に中国風の数々の造形を作った。今も名園として保存されている後楽園庭園（東京都）がそれである。

この園内西側の流れの下流に築かれた長い堤が、西湖の堤になぞらえたもので、"西湖堤"と命名されているが、正しい名称は"蘇堤"である。

西湖には、二つの堤"白堤"と"蘇堤"がある。白堤は湖の北方にある長さ約1kmの堤で、唐代の詩人で杭州の知事をつとめた白楽天にちなんだ名称という。

蘇堤は、北宋時代にやはり杭州の知事となった大詩人蘇東坡が、湖底の土をさらってその西側に築かせた約2.8kmという長い堤である。

そこに架けられた六つのアーチ橋と、柳の並木が見事で、まさに西湖を代表する景"蘇堤春暁"として多くの絵画にも描かれている。

もちろん、そんな長い堤が日本の大名庭園に作れるわけはなく、今、同庭園に保存されているのはミニ版の蘇堤である。この蘇堤は、江戸の大名庭園では他に旧芝離宮庭園にも残されている。

全国的には、縮景園庭園（広島市）、養翠園庭園（和歌山市）にも蘇堤を写した実例がある。

大名庭園には珍しい中国式の構造的なアーチ橋も、後楽園庭園、縮景園庭園に見られる。

各大名庭園には、何等かの形で中国的な名称が多く付けられていることも忘れてはならない。

ここでは、参考のため今東京都に残されている、江戸の大名庭園を数例紹介しておくことにする。

なお、大名庭園というのは、単なる大名屋敷の庭というのではなく、城や邸宅にごく接近して築造した広大な面積の庭園をいうのが原則である。単なる書院庭園などは大名庭園とはいわない。

8．大名庭園の名作として有名な水戸徳川家の後楽園庭園（東京都）。園池中島を望んだ景

10．同庭，オカメザサの築山を望む

9．同庭，都内とは思えぬ深山幽谷の景。この付近は“小盧山”と名付けられている

11．同庭，八ッ橋のある風景

12. かつて徳川家の別邸であった，旧浜離宮庭園（東京都）

13. 江戸名園の代表作，旧芝離宮庭園（東京都）

14. 都市化の中に残る新宿御苑庭園（東京都）

15. 柳沢氏の名園として名高い六義園庭園（東京都）

The Japanese love affair with Chinese culture dates back to antiquity. Chinese characters, Buddhism, Confucianism and countless other elements of Japanese culture came via China. These elements were modified and amalgamated into a culture that is distinctly Japanese.

As a result of this prolonged contact with Chinese literature, paintings, poetry, religion and philosophy, Japanese naturally developed a strong interest in beautiful Chinese landscapes. The Japanese garden includes many elements that originated from Chinese natural wonders or architectural achievements.

This trend was most pronounced during the Edo Period. The Tokugawa Shogunate adopted a modified Confucianism as the religious foundation of the State, and *daimyo* (warlords) throughout Japan were educated in Confucianism.

This is clearly evident in gardening, as many daimyo liked to imitate famous Chinese places and scenery in their gardens. Among these the most popular was Lake Xi-fu in Hangzhou, Zhejiang Province, which is one of the most picturesque spots in all China. Over the centuries, descriptions of Xi-fu, known as an earthly Paradise, were transmitted to Japan through numerous paintings and poems. Many daimyo gardens include landscapes corresponding to the famous "Ten Views of Lake Xi-fu."

Lake Xi-fu has two dikes, Bai-di and Su-di. The former runs for about one kilometer along the north side of the lake, while the latter runs for nearly three kilometers on the west side. The latter dike has six arch bridges and long rows of willow trees that form stunning views, favorite subjects for many paintings over the centuries.

Because no *daimyo* could possibly create such large dikes in Japan, they resorted to miniature models of Su-di. Several remain to this day, including some in Tokyo (see photographs).

1. Dike in the former Shiba Detached Palace garden, Tokyo. Built in imitation of a famous Chinese dike.
2. The original Su-di Dike in Lake Xi-fu, Hangzhou, China stretches for 2.8 kilometers.
3. One arch in the above dike.
4. Tokyo's Korakuen includes the oldest extant replica of the Su-di Dike.
5. Su-di Dike representation in Wakayama's Yosuien garden.
6. Important Chinese-style arch in Tokyo's Korakuen.
7. A dike and arch bridge in Hiroshima's Shukkeien garden.
8. One of the most famous *daimyo* gardens, Korakuen, built by the branch of the Tokugawa clan. Overlooking an artificial island in the garden.
9. Korakuen. Looking at this mountainous landscape, it is difficult to believe you are in Tokyo.
10. Korakuen. Overlooking a mound planted with *sasa* bamboo grass.
11. Intriguing footbridge in Korakuen.
12. Former Hama Detached Palace garden, a Tokugawa clan villa.
13. Former Shiba Detached Palace, one of the great gardens of old Edo.
14. Shinjuku Gyoen garden, a short walk from some of Tokyo's tallest skyscrapers.
15. Rikugien garden, a famous garden built by Yanagisawa Yoshiyasu, a retainer of the Tokugawa clan.

武学流庭園 *Bugakuryu* Gardens

1. 瑞楽園庭園(弘前市)全景

2. 同庭，枯沢石組み

3. 同庭，枯池と枯滝石組み

武学流「行之庭」図。(明治23年・高橋亭山筆)瑞楽園所蔵
Bugakuryu gyo-style (semiformal) garden sketch.

1. Zuirakuen garden in Hirosaki.
2. *Karesawa* (lit. "dry marsh") in Zuirakuen.
3. *Kare'ike* (lit. "dry pond") and *karetaki* in Zuirakuen.
4. Stepping stones at the Shindo House in Kamio, Aomori Prefecture.
5. Shindo Mansion garden, the front view from indoors.
6. Front view of Shindo's Seibien garden in Kamio, Aomori Prefecture.
7. Shindo House garden, looking toward the building from a mound in the garden.

4．清藤氏本邸庭園（青森県尾上町）飛石の景

5．同庭，室内より正面を望む

6．清藤氏盛美園庭園（青森県尾上町），正面の景

7．同庭，築山上から建物方面を望む

●日本庭園は，古代からまことに変化に富んだ造形が真髄となっており，例えば平安時代の秘伝書『作庭記』【別項】にしても，かなり自由な精神でつらぬかれている。以後各時代を通じて江戸時代初期頃までは，その傾向に変化はなく，古庭園にも内容の優れた作が多かった。

ところが江戸時代中期頃から，庭園の中に型ができはじめ，それと共に庭の作り方の手本となるような，作庭秘伝書が多く出現してくるようになった。

そして，自由であった庭園の世界にも，流派らしきものが発生してくるのである。これは，決して好ましいことではなかったが，幸いにも庭の流派は，あまり発達を見せなかった。しかし，秘伝書の方は多数世に流布されたので，その影響もあって，庭園の定型化をまねいてしまったのである。

ところが，庭園の流派の中で，例外的に大きく勢力を伸ばした一派があった。青森県弘前地方を中心に起こった"大石武学流"と称する流派がそれであって，今日においても同地方ではかなりの勢力を持っている。その成立は江戸時代末期ともいい，諸説があるが，明確なことは分かっていない。

この流では，初代を兼松八郎左衛門といい，津軽藩の庭園守護役であったと伝えている。彼は号を"亭山"といったので，二代も高橋亭山を名乗り，また三代も同じ姓名であった。

この三代高橋亭山には，明治時代に活躍した，はっきりとした事実がある。

伝えによれば彼は，本来，弘前を中心に仏教式作庭を行っていたが，明治15年に黒石地方に来て，その地で行われていた神道式の作庭法を取り入れて，『神仏習合津軽作庭法』という書物を作り，これが武学流の始まりであるという。これを信ずれば，武学流は明治時代に成立したことになり，三代高橋亭山が，その祖ということになってくる。この可能性はかなり高いものと思われる。

この三代高橋亭山は，今も残る瑞楽園庭園（弘前市）【写真1～3】を作っており，その設計図ともいうべき自筆の同庭見取図【前頁図】が保存されている。また，清藤氏本邸庭園（尾上町）【写真4・5】も，彼の作である可能性がある。四代は小幡亭樹といい，清藤氏盛美園庭園（尾上町）【写真6・7】，揚亀園庭園（弘前市）【写真13・14】，沢成園庭園（黒石市）などを作った。五代池田亭月（三代高橋亭山の実子という）は，瑞楽園庭園の増築などを行っている。

六代の外崎亭陽は，弘前城内に武学流の見本庭園【写真15】を完成し，最近七代目を弟子に譲って引退したばかりであるという。

この武学流庭園は，かなり定型化した作庭法であるが，石の扱いに豪華さがあり，明治時代に起こったものとしては見応えのある作風といえる。

その作庭の主な特色は次のようである。

1．歩きづらい程度に間隔の開いた，凹凸のある大きな飛石を建物前に打つ。

2．中央部に必ず礼拝石を用いる。

3．自然石手水鉢を中心として楕円形に囲った一画を，庭の左右どちらかに作る。

4．手水鉢と反対側に，楕円形に囲った枯沢石組みというものを設け，内部には二神石という二石による石組みを行う。

5．滝は必ず配するが，池泉であっても，枯山水であっても，枯滝として組むものが多い。

6．庭園中にかなりの数の石燈籠を配するが，自然石を積み重ねた化燈籠も多く用いる。

以上のような点は，ほぼ例外なく各庭に見られるこの流派の傾向である。それぞれの代表的な庭園造形は，写真で見ていただきたい。

8. 鳴海氏庭園(黒石市)の飛石と手水鉢

9. 鳴海氏本家庭園(黒石市)の飛石手法

10. 高橋氏庭園(黒石市)正面の枯滝

Japanese gardens have always been eclectic and varied in their approaches to garden formations, and even the *Sakuteiki*, the ancient secret manuscript on gardening, allowed a considerable degree of freedom. From those early days through the close of the Edo Period, gardens maintained that spirit and developed into a vital, popular art form.

However, in the middle of the Edo Period, various gardening styles or schools began to develop, each with its own philosophy and techniques of gardening.

One such group, known as *bugakuryu*, was formed during the late Edo Period in the Hirosaki District of what is now Aomori Prefecture, and continues to flourish there to this day.

While a relatively rigid gardening method, *bugakuryu* gardens tend to be opulent, gorgeous

affairs. Some of the salient characteristics of *bugakuryu* are:

1. Stepping stones placed in front of buildings are bumpy and so far apart it is difficult to walk.
2. The use of *reihaiseki* (lit. "worship stones") in the center of the garden.
3. The use of natural stone *chozubachi* on either the left side or the right side of the garden, surrounded by low stones in an elliptical formation.
4. The use of a *karesansui* rock arrangement opposite the *chozubachi*, with a similar elliptical surrounding, and containing *nijinseki* (lit. "two god rocks").
5. Waterfalls are always built, but regardless of whether the garden uses actual water or is a *karesansui*, the waterfall is usually a *karesansui*.
6. Lots of stone lanterns are used in the garden, although many of them are *bake doro* (lit.

"disguised 4transformed5 lanterns") made by piling natural rocks atop one another.

The above elements can be found almost without exception in *bugakuryu* gardens. Representative examples are shown in the photographs.

8. Stepping stones and *chozubachi* in the Narumi House garden in Kuroishi.
9. Stepping stones in Narumi House garden, Kuroishi.
10. Front view of *karetaki* in Narumi House garden, Kuroishi.
11. *Chozubachi* in Yamauchi House garden, Namioka, Aomori Prefecture.
12. The main scenery in this garden is a *Karetaki* rock arrangement.
13. Pond in Yokien garden, Hirosaki.
14. Yokien *Karesawa* rock arrangement.
15. *Bugakuryu* model garden on the Hirosaki Castle grounds, Hirosaki.

11. 山内氏庭園（青森県浪岡町）の手水鉢付近

12. 同庭の主景となる枯滝石組み

13. 揚亀園庭園（弘前市）の池泉中央部

14. 同庭，枯沢石組み

15. 弘前城（弘前市）内の武学流見本庭園

豪華な庭 Opulent Gardens

1. 朝倉氏諏訪館跡庭園（福井市）の枯滝石組み

1. *Karetaki* rock arrangement on the Asakura Suwa Hall remains in Fukui.
2. Rock arrangement on the Asakura Oyu Hall remains in Fukui.
3. "Free-form" rock arrangement in the Kokubunji Temple garden, Tokushima.
4. *Karetaki* rock arrangement in Kogawadera Temple garden, Kogawa, Wakayama Prefecture.
5. Showy rock arrangement in the Nishi Honganji Temple garden, Kyoto.
6. Eye-popping revetment rock arrangement in Tokushima Castle garden, Tokushima.
7. *Karetaki* structure in former Kurushima garden, Kusumachi, Oita Prefecture.

2. 朝倉氏御湯殿跡庭園（福井市）の石組み群

3. 国分寺庭園（徳島市）の自由奔放な石組み造形

４．粉河寺庭園（和歌山県粉河町）の枯滝石組み付近

５．西本願寺庭園（京都市）の派手な造形

６．徳島城庭園（徳島市）の見事な護岸石組み

７．旧久留島氏庭園（大分県玖珠町）枯滝の造形

●日本庭園は，各時代を通じてさまざまな趣をみせながら発達を続けてきた。平安時代から鎌倉時代前期までは大和絵の影響が濃く，別項で述べた『作庭記』系統の庭園であったし，鎌倉時代後半からは，禅的水墨山水画式の庭園が出現した。

室町時代に入ると，禅文化の浸透によって，石は大きくないが深い味わいを見せた庭園が主流となり，水を用いない様式である枯山水庭園も出現してくる。この時代は，象徴化された，空間の美を生かした庭園が好まれたと考えてよい。

ところが，室町時代末期から世が戦国時代に突入すると，各地の戦国大名達の勢力が急激に高まり，地方文化の発達によって庭も大きく変貌して，まことに豪華壮麗な庭園が出現してくる。石も人の背丈以上もある巨石が多数組まれるようになってきたのであった。その最も早い頃の名園が，越前国の名族朝倉氏によって築造された，一乗谷朝倉氏遺跡庭園群（福井市）である。ここには，御湯殿跡庭園，諏訪館跡庭園，南陽寺跡庭園，下部館跡庭園，などの庭園が保存されている。

それより江戸時代初期にかけて，庭園には正に絢爛豪華な障壁画的な景が見られるようになった。

この豪華さの中心となったのは，何といっても石組みである。現在知られている巨石の名園中で最も大きな石を多用しているのは，近年その価値が明らかになった旧久留島氏庭園（江戸初期・大分県玖珠町森）で，高さ３ｍ以上の石が三石，高さ２ｍ以上の石が十四石も組まれているのである。

しかし，石組みに変化と自由奔放な迫力のある造形が見られるのは桃山時代の庭園である。

各地の城郭や大名の館などにも，多数の庭園が作られたことが文献で分かるが，その大多数は失われてしまった。今日まで保存されているこの時代の名園には，国分寺庭園（徳島市），徳島城庭園（徳島市），粉河寺庭園（和歌山県粉河町），玄宮園庭園（彦根市），旧座主院庭園（福岡県添田町），西本願寺庭園（京都市），名古屋城二の丸庭園（名古屋市）などがあり，先の朝倉氏諸庭と共に，生命力ある豪華な庭園の代表作となっている。この豪華な庭園傾向は，さらに江戸時代の大名庭園に引き継がれていくが，とても桃山時代にはおよばない。

このような豪華な石組みに負けない派手な樹木として，ソテツ【別項】が好まれたのも，この頃の大きな時代性であった。

Japanese gardens have undergone numerous developments over the ages. Distinct trends gardens can be seen in the Heian and early Kamakura Periods, late Kamakura Period, and Muromachi Period.

At the end of the Muromachi Period, Japan was plunged into an era of feudal warfare that continued until the establishment of the Tokugawa Shogunate. During this time the *daimyo* (feudal warlords) concentrated power in feifdoms throughout the archipelago, and regional culture flourished. Testimonies to their power and intensity of will and ambition, under the *daimyo* many opulent gardens were built. Rocks became much larger and far more of them were used. The result, into the early Edo Period, was a boom in dazzling, panoramic gardens. Massive, complex rock arrangements formed the central scenery.

Many of these gardens still exist. The photographs show some of the leading examples. The most opulent and powerful gardens are from the Momoyama Period. Powerful rock arrangements continued to be made well into the Edo Period, but in terms of their opulence Momoyama gardens are far superior.

土留めと石積み　Sheathing and Masonry

1．張り石手法の土留め。鉄平石を張っている

2．白タイルの土留め。現代的な感覚といえよう

3．芝による土留めの一例。下には大谷石を使用

4．一段目の面をそろえた石組み式の土留め手法

5．石組みのように変化をつけた一列の土留め

6．青石による石積み塀。カーブを付けた見事な作例である

7．小さな割り石による塀下の石積み

8．築地塀に応用された，さび石による石積み

●傾斜地を利用した雛壇式宅地造成の例が示すように，わが国では，道路よりも一段高い敷地に建っている住宅が案外多く見られる。

通常の場合，その段差は，よほどの高台は別として，1m以内におさまっているようだ。

そんな敷地では，外構工事にもいろいろ工夫が必要となるが，ちょっとしたことで門構えなど，かえって立派なものになる例が多いものである。

一番大切なのは土留めの方法で，その素材やデザインによって，雰囲気はずいぶん違ってくる。

土留めには昔から，石積みが多く用いられてきたが，最近ではブロックやコンクリートなどの方が主流になってきている。

しかし，これ以外で，土手のかなりの急斜面に，芝を張って土留めとしているような例も時には見かけることがある【写真3】。このような植物による土留めも，技法の一つである。

また，高さのあるものばかりではなく，写真5のような縁石も土留めの一種に数えてよい。

高めの土留めのうちで，最近増加しているのが，張り石や，タイル張りの土留めである。

これは，まずコンクリートを丈夫に打ってしまい，

その上に化粧として張り込むものである。

写真1は，そうしたものの一例で，鉄平石を方形に切って，変化をつけて張り込んでいる。

写真2は，正方形の白タイルを張ったもので，門柱と統一したデザインにモダンな感覚がある。

ここではさらに，最も本格的な古くからの技法である石積みについて少々述べておくことにする。

石積みには，自然石積み，玉石積み，小口積み，切石積み，など多くの種類がある。

最も正式な技法は，表面の線をしっかりそろえて積むものであるが，最近では線をそろえずに自然石を不規則に組み込んで行く“崩れ積み”が，かなり多く見られるようだ。この積み方は，一種の土留めではあるが，本来の石積みとはまた違った技法とすべきもので，土地にもかなりの奥行が必要となる。

著者は，この崩れ積み形式ではあるが，一段目の面をきれいにそろえて積む方式を試みたことがある【写真4】。線が美しく通るだけに見た目もよく，幸いにもかなり好評であった。

正しい石積みは，面を一定の線にそろえ，奥行もできるだけ少なく積むのが原則である。

石はたがいに噛み合って強度を増すのであって，

天然の角のある自然石を用いた“野面積み”などはセメントなどのない時代から見事な強度を発揮していて，しかもまことに美しい。古い城の石垣などには，ほとんどこの技法が用いられている。しかし近年はよい技術者が限られてきたので，なかなかよい野面積みは困難になっている。最近では自然石積みでも，モルタルなどで固定してしまう例が多い。

同じ自然石でも，丸みのある玉石積みの場合は強度が劣るので，ほとんどモルタルで固定している。

実際の作例では，自然石を半加工して用いる例も多い。これは石を打ち欠いて合わせて積んで行くものである。こうしたものには，地方によっては塀に応用された見事な作がある。写真6は，和歌山県で見た青石による優秀な石積み塀の作例である。

石を大部分加工して積む切石積みにも，さまざまな技法がある。それを大きく分けると“整形積み”と“乱積み”になる。整形積みは，切石を規則正しく積んで行くもので，塀などに多用されているものがそれである。乱積みは，切石を大小角度の変化をつけて積んで行くもので【写真9】，庭園にはこの方が味わいがあってよい。この乱積みは，前述した“崩れ積み”とは違うので注意してほしいと思う。

9. 切石乱積みの好例。変化ある味わいが見事だ

11. 青石の割り石による石積みの例

12. 竹垣と自然石積み。ややラフである

10. 青石による石積み。面が不規則である

13. 高めの玉石積み。モルタルが見えないのがよい

Because there is so little flat land in most of Japan, it is not uncommon for houses to be built on plots of land higher than the road below. Sometimes the height difference can be very great, but usually it is kept within one meter. The soil is often fragile and requires the installation of some sort of reinforcement or retaining wall. With a little extra effort, however, such plots can enjoy very impressive gates. The most important point is the sheathing methods and materials used, because differences here can result in radically different atmospheres.

Traditionally sheathing used rocks, but recently concrete blocks and poured concrete are more common. There are also cases where the planting of sod is sufficient (photograph three). Besides high embankments, sheathing can also be low, such as the curb in photograph five.

Among high sheathing, recently stone and tile cladding over poured concrete are becoming more common. Photograph one is such an example. Square white tiles are used in photograph two.

Turning to traditional stone masonry, there are several types: natural stone, coffer stone, heading bond, ashlar and other types. The most orthodox masonry aligns the outside surfaces in a continuous plane. Recently, however, some masonry deliberately does not align the outside surfaces, allowing natural stones to be aligned seemingly haphazardly. Still, the best stone masonry aligns the front surfaces and seeks to minimize the depth as well.

Also, in the case of coffer (rubble) stones, the strength is diminished somewhat, so mortar is generally used to hold them in place.

1. Stone-clad sheathing.
2. White tiled sheathing.
3. One kind of sheathing using sod over cut limestone.
4. Sheathing with the foremost rocks carefully aligned.
5. Sheathing with variations reminiscent of a rock arrangement.
6. Wall made of heaped blue stones. The curvature is masterful.
7. Lower wall uses small broken stones.
8. Stone masonry forms the base for a roofed mud wall.
9. Excellent example of random masonry using cut stones.
10. Masonry using blue stones. The surface is uneven.
11. Masonry using broken blue stones.
12. Natural stone masonry and bamboo fence. A bit rough.
13. Coffer (rubble) stone masonry. A little higher than normal. The mortar is well-hidden.

庭橋　Garden Bridges

1. 青石の石橋を用いた枯山水。枯池の中央に用いた例

1. Blue stone bridge in the center of a dry pond.
2. Blue stone bridge over a water pond.
3. Stone bridge over a dry garden using a grass lawn
   instead of gravel.

2．池泉庭園に架けた青石の石橋　　　　　　　　　　　　　3．芝敷きの枯山水中に架けた石橋

4．天龍寺庭園石橋。最古の石橋として知られる

5．薄い花崗岩の石橋手法

6．直線の切石を折って渡した例

7．切石の反橋。流れに渡す

●橋は，本来河川などに通行の便として架けたものであるが，庭園の中にも，古くから取り入れられるようになった。それは世界的な傾向といえるが，中国やヨーロッパでは，構造的な切石のアーチ橋が中心であった。

日本でも古代庭園においては，広い池に中島を作った時，島に渡る橋として，比較的規模の大きな橋が架けられたが，それはアーチ橋ではなく，木造の板橋が架けられたものである。

そのような古い橋で現存しているものはないが，平安時代庭園の橋跡が，毛越寺庭園（岩手県平泉）などから出土している。

しかしながら，橋が庭園造形として積極的に取り入れられるようになったのは，鎌倉時代末期になって石橋が用いられるようになってからである。

この時代，中国からの水墨山水画の影響が庭園に強くなり，石橋が滝石組みなどに添える景として使われるようになったのであった。

現在知られているところでは，最古の造形的石橋は，天龍寺庭園（京都市）の滝前に架けられているものだと考えられている【写真4】。

現在，このように庭園に用いられている橋を総称して"庭橋"といっているが，その大部分は石橋であると考えてよい。

庭橋は，その構成方法によっては，庭園の景としてまことによく生きてくるものである。

特に自然石による石橋は，添石（橋添石，橋挟石）を四方に組んで景を取ることが普通に行われており，全体を指して橋石組みという。

橋は，池泉や流れに架けて回遊路となる他，景としても，水景と調和する風雅な感覚を見せることはいうまでもない。実際には渡らない，景だけが目的の橋も多いものである。

しかし，さらに興味深いことは，室町時代後半に水を使わない様式である枯山水庭園が成立すると，白砂などを池や流れに見立て，そこに石橋を架けることによって，一層水景を象徴するために，石橋が使われるようになったことである。

それは，意外なほどによい効果を上げたから，その後は，池泉，枯山水を問わず，石橋が多用されるようになったのであった。

写真1は，その石橋を枯池の中央に用いた，住宅の枯山水庭園の実例（著者作庭）で，橋には三波青石（群馬県産）を使用している。

自然石石橋に適する素材は，青石系統のものに多く，花崗岩系の石にはよいものが案外少ない。

しかし，青石であっても，あまり厚みのあるものは橋に向かないので，よい素材を選ぶのは，なかなか難しいものである。

用法としては，水面でも，枯池でも，あまり高く架けないこと，しっかりと添石を組んでバランスを取ることが，美しく見せるポイントといえよう。

石橋には，自然石を用いるのが長い間主流になってきたが，桃山時代後半から，花崗岩などを加工した切石橋が出現してくる。

古い切石橋の多くは反橋とされたが，その加工には大変な手間がかかり，まことに高価なものであったから，一部の限られた有力大名などの庭園に用いられたに過ぎなかった。

切石橋は，小さくては味がなく，ある程度の長さがなければ生きないものである。それだけに，現在でも本格的な作は高価であることに変わりはない。

住宅庭園の場合には，狭い空間であっても，自然石石橋をうまく生かすことによって，山水の味わいを強調することができるから，今後はもっと多用されてよい造形といえるであろう。

自然石石橋を用いた橋石組図　　　　　Natural Stone Bridge Rock Arrangement

8．筏式に用いた石橋。石材は仙台石

9．下を荒仕上げとした切石橋

10．三橋を雁形に用いた切石橋

11．欄干付きの橋（コンクリート製）

Since ancient times, bridges have been part of gardens the world over. In China and Europe the emphasis has been on arches of cut stone. In Japan as well, when islands were built in large ponds, they were spanned, not by arches, but by large wooden plank-floored bridges. While there are no longer any such bridges in existence, they have been excavated from the Soetsuji Temple garden in Hiraizumi, Iwate Prefecture.

The use of bridges in Japanese gardens, however, came into prominence in the late Kamakura Period, after the popularization of stone bridges. During this period the influence of Chinese landscape paintings on Japanese gardening grew, and stone bridges were incorporated into waterfalls and other scenes. The oldest known existing stone bridge is in Kyoto's Tenryuji Temple garden, erected in front of a waterfall (photograph four).

The bridges used in gardens in this way are lumped together as garden bridges. Most of them are made of stone.

Depending on how they are composed, bridges make a beautiful addition to garden scenery. Natural stone bridges in particular are usually grouped with stones in each of the four corners. Such arrangements are referred to as *hashi'ishigumi* (bridge stone formations).

Besides being placed across ponds and streams to create strolling courses, bridges can harmonize beautifully with land and waterscapes. In fact, there are many bridges intended more for viewing than crossing.

Even more interesting, however, is the use of stone bridges in *karesansui* dry gardens. Toward the end of the Muromachi Period, with the development of *karesansui* including white gravel spread to simulate ponds and streams, the erection of stone bridges heightened the effectiveness of the waterscape tremendously.

Eventually bridges became stock in trade for both water gardens and dry gardens.

Photograph one shows a stone bridge erected over a dry pond, the centerpiece of a residential *karesansui* garden made by the author.

Whether over land or water, the keys to making a beautiful bridge are: (1) keep it low, and (2) group it solidly with rocks in each corner, to maintain a pleasing balance.

4. Stone bridge in Tenryuji Temple garden, considered the oldest existing stone bridge in a Japanese garden.
5. Interesting use of a thin granite bridge.
6. Cut stone bridge with bend in the center.
7. Curved cut stone bridge over a stream.
8. Stone bridge with zigzag abutment.
9. Cut stone bridge with unfinished bottom.
10. Cut stone bridge with three sections in zigzag abutment.
11. Concrete bridge with side rails.

枯山水の工程 *Karesansui* Gardens (Gardens Representing Mountains and Water without the Use of Water)

1. 完成した庭園。室内から見た正面の景

2. 曲線敷きの敷石と飛石の構成

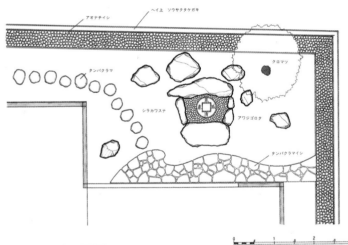

W邸枯山水小庭，平面図　Layout drawing for this garden

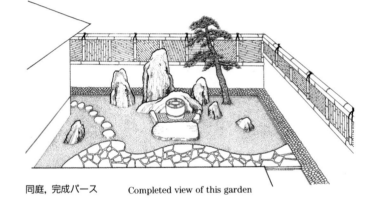

同庭，完成パース　Completed view of this garden

●ここに紹介する枯山水小庭は，著者が，かつて京都府福知山市のW邸に作庭したものである。

和室客間の西庭として作った，広さ約25・26㎡（約7・65坪）という小面積の枯山水であるが，枯山水のさまざまな要素を含んだものとなったので，枯山水庭園の工程を理解して頂くには，まことに最適な作例と考え，ここに工程写真を紹介することにした次第である。

そこで，工事の進展については，写真で見て頂くこととし，ここでは設計の意図などについて，少々述べておくことにしたい。

設計において注意した基本的な点は，8坪にみたぬ小庭であるから，あまり素材を多用せず，あっさりした感覚にまとめること。石組みは，少ないながら強い造形とし，清浄感のある枯山水とすること，などであった。

このW邸は，医院を開業されており，別棟が病院となっているので，この庭のテーマは，やはり医の仏である薬師如来とし，その三尊石組みを中心として清らかな美の世界を表現することにした。

本庭は，中心に手水鉢を用いる設計としたが，著者は昭和51年に，銭形手水鉢に属する「園囲の手水

鉢」を創作し，大きさ，高さ，書体の異なるものを二基作っていた。その内の大きい方の一基は，本小松石の青系の石で製作し，小さいものは同じ本小松石の赤系の石で製作した。

前者はすでに甲府の青松院庭園に運んであったので，この枯山水には住宅庭園にふさわしい小さな方を使うことにしたのである。

手水鉢を庭園の中心に用いる作庭は，著者としては初めての試みであった。それは，現在よい手水鉢が求めにくいことと，手水鉢が単なる飾りとなってしまうことを恐れたからである。しかし，本庭の場合は，著者自身の創作した手水鉢を用いることができたので，ある程度の自信が持てたのであった。

他の作庭のポイントとしては，手前に丹波鞍馬石の曲線敷きを見せ，また台所方面とを結んで，同じ丹波鞍馬石の飛石を打つこと。右手にクロマツを一本植えること。塀上には，薬師如来の十二神将にちなんで十二区分した創作竹垣を作ること，などが主要な点である。

唯一問題があったのは，塀際にある排水溝の処理であったが，ここには上部に青那智石を敷くことによって変化を出すように計画したのである。

The *karesansui* garden introduced here is one the author built for a gentleman residing in Fukuchiyama, Kyoto Prefecture. Although a small *karesansui*, measuring 25.26 square meters, it includes many of the elements of *karesansui* gardens and thus serves as a good example of how *karesansui* are made.

Please refer to the photograph captions for the specified steps involved. First let's examine the design criteria.

First, because it is a small garden (25.26 square meters), the variety of materials used had to be kept simple. The stone formation used a few powerful rocks arranged for maximum impact. The aim was to create a highly refined *karesansui* that conveys a sense of purity.

The owner is a doctor with his practice in another building on the premises. Accordingly, the garden's theme was Yakushi Nyorai, Buddhist "Physician of Souls." The sanzon ("three Buddha") stone grouping method was used to express a world of pristine, unsullied beauty.

The garden centers on a *chozubachi* made by the author, designed for utility as well as aesthetic appeal.

Other key points in the design include the curved outline of the paving stones, connected to

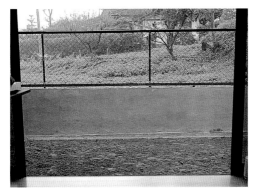
３．作庭前の敷地の景（整地終了後）

４．北側の上部から主石を運び込む

５．主石の位置に穴を掘り込む

６．石を釣って穴に入れる

７．所定の位置に主石を立てる

８．主石に対して次々に石を組む

９．手水鉢の周囲の石まで組んだ景

10．手水鉢を置く準備をする

11．内部に手水鉢を据えた景

12．白砂部分の排水マスを設置

13．配管をして蹲踞部分の排水を取る

14．蹲踞の景をととのえる作業

the kitchen via stepping stones made from the
same material; a lone black pine planted on the
right hand side; and the sectioned bamboo fence
built atop the wall.

15. 庭園の右手にも排水マスを設置

16. 主要分の造形が完成した景

17. 蹲踞の流しにモルタルを打つ

18. 敷石工事に着手

19. カッターを用いた石切り作業

20. 敷石の下目地を入れていく

21. マツの搬入作業

22. マツを植え，水やりを行う

23. 手入れを終えたクロマツの姿

24. 敷き終えた敷石の全景

25. 石を洗い，仕上げ目地の準備

26. 飛石を配置し位置を決める

27. 飛石を据えて行く

28. ベニガラの赤目地を詰めて行く

29. フェンスに桟を組み，竹垣の準備

30. 竹は必ず洗って用いる

31. 竹をデザインに合わせて張って行く

32. 上下と間に押縁をかける

33. 白砂下地にモルタルを打ち，周囲に小石を入れる

34. 白砂を入れて仕上の作業

35. 完成した枯山水の右手部分

1. The completed garden. The main view as seen from inside the house.
2. The curved outline of paving stones and stepping stones.
3. The site before commencing construction.
4. Bringing in the main stone.
5. Digging a hole to plant the main stone.
6. The stone is hoisted and lowered into place.
7. The stone is restrained in the prescribed position.
8. Flanking stones implanted with reference to the main stone.
9. Placing the stones which will surround the *chozubachi*.
10. Preparing to place the *chozubachi*.
11. The *chozubachi* in place.
12. Laying the drain curb for the white gravel section.
13. The drain pipes in place (also leading from the *tsukubai*).
14. Placing finishing touches on the *tsukubai*.
15. Drain system also installed on the right hand side of the garden.
16. The main components are all in place.

17. Concrete drain floor is placed in the *tsukubai*.
18. Commencing work on the paving stones.
19. Cutting the stones to shape.
20. First grout (another follows later).
21. Bringing in the pine tree.
22. Planting and watering the pine tree.
23. The pine tree, all spruced up.
24. The paving stones all in place.
25. Washing the stones and preparing for the final grout.
26. Determining the placement of the stepping stones.
27. Seating the stepping stones.
28. Final grout, containing red iron oxide.
29. Attaching wooden frame to the fence, for paneling with bamboo.
30. The bamboo is always washed before using.
31. Bamboo is attached according to the design.
32. Horizontal and vertical crosspieces attached.
33. Concrete is laid before the white gravel. Small stones are placed around the periphery.
34. Laying the white gravel.
35. Right hand side of the finished *karesansui*.

敷砂と砂紋　Sand Beds and Sand Ripples

1. 砂紋の美しい住宅の枯山水庭園。砂は三河白川砂

●庭園に景として砂を敷きつめることは，龍安寺石庭に見られるように，京都の名園の特徴のように考えられていた時代もあった。しかし，今では広く全国的に用いられるようになっている。

日本の庭は，池泉庭園，枯山水庭園，茶庭に大きく分類することができる。

そのうち，水を使わない様式の枯山水庭園では，多くの場合，白砂や小石などを敷きつめ，それを水景の象徴としている。

敷砂は，小面積の住宅庭園や中庭などで，非常に良い効果を上げることが多い。また，水を意味しなくても，小さな空間を美しく彩る素材として，まことに便利なものだ。

庭園用の砂の種類は多いが，何といってもよく知られているのは，京都市北白川付近から産する白川砂である。

白川砂は，この地の白川石といわれる軟質の花崗岩が粒状になったもので，今でもこの付近の地層には大量の白川砂が保有されている。

昔は，この地層を掘れば簡単に白川砂が入手できたらしいが，今ではそのような開発は許可されなくなったので，天然ものは採れなくなってしまった。

そこで，これまでは人工的に石を砕いて生産して

きたが，最近はそれも汚水の処理問題などがあり，かなり困難になったといわれる。

白川砂は白色の砂だが，一粒の中に花崗岩独特の雲母等の黒点が適度に混じっているので，あまり強く光りを反射しないのがよい。今では，京都以外の茨城県等でもこれに近いものを生産している。

また，近年岐阜県土岐市から産出している三河白川砂は，現在では尊くなった天然の砂で，まことに味わいよく推奨できる。

白川砂に似ているが，やや茶色味がかっているのが三重県から産する伊勢砂(新白川砂ともいう)であり，これも現在ではかなり多く使われるようになった。白色の砂では，このほかに寒水石の砂(茨城県産)もあるが，これは石灰岩のため白色だけなので，光の反射がまぶしいのが欠点であろう。

茶色の砂ではサビ砂利(茨城県産)，青色の砂では鳴戸青砂利(徳島県産)，秩父青砂利(埼玉県産)などもある。

他に，赤砂利，黒砂利，五色砂利，なども知られているが庭園での用途は少ない。

注意してほしいのは，砂，砂利という用語。今では砂というと海砂のようなごく細かいものを連想する人が多いが，昔は，砂も砂利もほぼ同じ意味であ

った。また，砂は沙とも書いた。

だから，白川砂といっても，今思うような砂ではなく，1cm前後のものが中心になっている。業者は昔からの習慣で今でも三分，五分というように表現している。

この敷砂には，水の動きを象徴する，美しい紋様"砂紋"(さもん)を入れることが多い。

これは，一定間隔に歯をつけた独特な用具で砂上に線をつけていくもので，いろいろな形式がある(砂紋を俗に箒目というのは間違いで，箒ではこのような線はつかない)。

よく，砂紋は雨が降ると消えてしまうのではないかと心配する人もあるが，砂が1cm前後とかなり大粒なので，よほど強い雨でないかぎり，簡単に消えることはない。

枯山水庭園は，敷砂にこの砂紋をいれることによって，庭が見事に引き立ってくるものである。紹介した写真でも，その点はよく分かるものと思う。

このような敷砂の下には，必ず3cmくらいモルタルを打ち，溜マスを埋めて，排水をしっかりとっておくことが大切である。そうすれば，雨水が砂の中に溜まらず，雑草等も生えにくくなる。

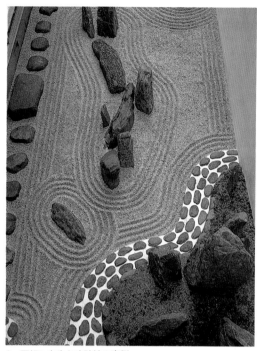

2. 龍安寺庭園(京都市)の白川砂と漣紋

3. 石組みを生かす砂紋の実例

4. 住宅枯山水庭園の荒波紋

5. 茶色の敷砂と水紋

砂紋のいろいろ

Various Kinds of Ripples and Patterns

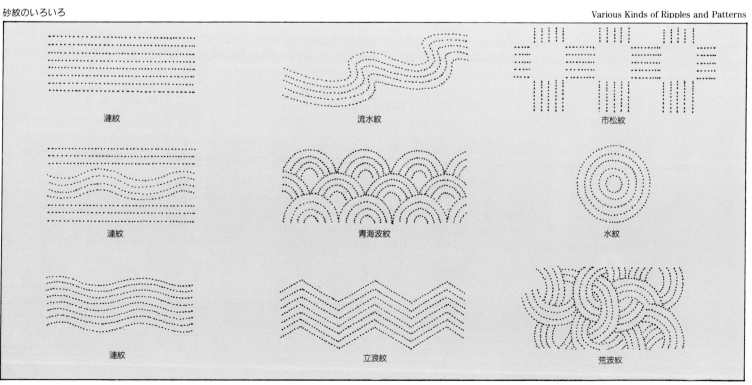

連紋　　　　　　　　流水紋　　　　　　　　市松紋

連紋　　　　　　　　青海波紋　　　　　　　水紋

連紋　　　　　　　　立浪紋　　　　　　　　荒波紋

6. 石組みを引き立てる美しい砂紋

7. 瑞峰院庭園(京都市)の力強い砂紋と石組み

8. 小石を生かした砂紋の一例

砂紋の引き方

① 砂紋引きの道具(一名"砂紋掻き"ともいう)

② 砂の面は全体を水平にならす

③ 砂の面には必ずたっぷりと水を撒く

④ 砂紋掻きを強く入れ，線を引いていく

⑤ 重なる部分は前の線を消すように入れる

⑥ 石や島の周囲にも沿うように入れていく

⑦ 終了したら弱く霧状にした水を撒く

⑧ 完成した砂紋の景

9. 広い白砂空間を引き締める砂紋の景

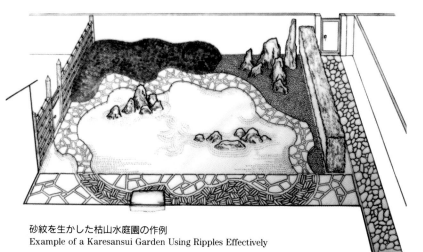

砂紋を生かした枯山水庭園の作例
Example of a Karesansui Garden Using Ripples Effectively

How to Create Sand Ripples
(1) Rake for creating sand ripples
(2) Smooth the gravel surface.
(3) Always wet the sand thoroughly
    beforehand.
(4) Forcefully insert the rake and pull it
    toward you to create lines.
(5) Wherever lines cross, the earlier lines
    are erased.
(6) Ripples follow the outline of stones
    and islands.
(7) After finishing, water with a fine
    mist.
(8) The completed sand ripple
    panorama.

10. 細かい砂に引かれた市松紋の実例

11. 見事な技法の渦巻水紋の美景

12. 大きな渦巻紋を生かした中庭

There was once a time when gardens using beds of coarse sand as central scenic elements could only be found in Kyoto, but no more. Today such gardens can be seen throughout Japan.

Japanese gardens can be roughly classified into three types: pond gardens, *karesansui* gardens and tea ceremony gardens. In many of the dry *karesansui* gardens, beds of coarse white sand or pebbles are used to represent water.

Sand beds can frequently be used to great advantage in small home gardens or inner courts. Even when not used to represent water, they are extremely useful for space decoration.

There are many types of sand for use in gardens. One of the better known is sand from near the Shirakawa River north of Kyoto. It consists of grains of soft granite. Although a white sand, it contains enough mica and other black particles to minimize glare.

This sand is frequently raked with a special rake to create beautiful patterns of "ripples" that suggest water. You might expect these ripples to disappear whenever it rains, until you realize that many of the "grains" are as large as one centimeter across. It takes a very strong downpour to wipe out these patterns.

These ripples make world of difference in the appearance of *karesansui* gardens. That should be readily apparent from the photographs.

You must always place three centimeters or more of concrete beneath a sand bed and install a drainage system. If you do this rain will not form puddles in the sand and weeds will have a hard time developing.

1. Residential *Karesansui* garden with beautiful sand patterns.
2. Shirakawa sand with patterns in the Ryoanji Temple garden, Kyoto
3. Sand ripples bring this stone formation to life.
4. "Choppy" waves in a residential *karesansui*.
5. Bed of brown sand.
6. Beautiful sand ripples enhance the stone formations.
7. Powerful sand bed and stone formation in Kyoto's Zuihoin Temple.
8. Sand patterns making effective use of small rocks.
9. Expansive white sand space is integrated by sand ripples
10. Checkerboard design in fine sand.
11. Skillful technique employed in creating these complex eddy patterns.
12. Inner court making good use of a single large eddy patterns.

カーポート　Carports

1．門と併設したカーポート。屋根がよく調和している

2．しゃれた扉を付けたカーポート

3．モダンな感覚のアプローチとカーポート

4．建物に付属した屋根のあるカーポート

1. Combination front gate — carport. The roof matches well.
2. Carport with a stylish gate.
3. Carport with a modernistic approach to the house.
4. Carport with a roof attached to the house.
5. Carport with a folding gate.
6. Carport next to the front gate.
7. Carport making good use of a corner.
8. Carport with bamboo fence in the background.
9. Carport with well-balanced gate and roof.

5．扉をホールディングゲートしたカーポート

6．片流れ屋根をかけた，門脇のカーポート

7．角地をいかしたカーポート

8．背後に竹垣のあるカーポート

9．伸縮門扉と屋根の調和がよいカーポート

●昨今多い，あまり広くない住宅敷地の場合，いろいろな無理が出るのはやむをえない。

そこに，さらにマイカーの問題が出てくるのは，造園家にとって，まことに頭の痛いものである。

よほどうまく計画しない限り，庭が車に占領されてしまうという現実があるからである。

こうした問題を解決しようと，最近は前庭にカーポートを併設する家庭が増えているようだ。

しかし，あちこちの実例を見ても，感じのよい前庭のカーポートは，案外少ないような気がする。

特に，狭い門内いっぱいに車を入れ，その脇をやっと人がすり抜けて通るような例は，好ましくないものの典型といえると思う。これだと，車がその家の主人のように思えてしまう。

門・前庭・玄関，といった部分は，家の顔ともいってよい部分だから，できる限り建築設計の段階からよく検討し，ゆとりがある最も好ましいカーポートを作りたいものである。

もちろん，車の保存という目的からは，完全な車庫の方がよいに違いないが，建物の目前に車庫などを作ると，いっそう庭が狭苦しくなってしまうので，これからは狭い敷地の場合は，カーポートが主流に

なることは間違いないと思われる。

現在では，このカーポートも，単なる車を置くだけの空間というものは少なくなってきた。

各メーカーでは，カーポート用の，さまざまな形式の屋根を開発し発売している。この屋根の形は，庭園の景とも大いにかかわってくるので，できるだけ形のよいものを選びたい。色もあまり目立たないものが好ましい。武骨なものなら，かえって無いほうがスッキリするという場合も少なくない。

屋根の形式と共に，重要なのは，駐車部分の地面の処理である。最近は，単なるコンクリートではなしに，ここをタイル舗装や敷石としているものも多く，しゃれた感覚になっている。

また，扉に何を用いるかも，一つのポイントである。これには，門と同様の門扉の他に，伸縮門扉（アコーディオン式），ホールディングゲート，などの種類がある。

カーポートに風情をつける方法として，周囲に植マスを設け樹木をめぐらしたり，竹垣を生かしたりするのもよい。ただし，車の後方に樹木などを使う場合は，車のマフラーからの排気が，直接当たらないように注意することを忘れないでほしい。

With just a small plot of land, the gardener must exercise care in designing the carport, lest the garden be swallowed up by the carport. Surprisingly few carports are good-looking. Usually there is barely enough room for a person to squeeze by. The homeowner doesn't know that his carport is misrepresenting him as a person who can "barely squeeze by." Please, never forget that the gate, front garden and entrance are your home's "face." Accordingly, you should try to design a carport that creates the best impression possible.

There are many prefabricated roofs available for carports, and your choice of roof may have a significant impact on your garden scenery. Your carport may be better off without a roof than with a boorish one.

The finish of the deck is also important. Recently more carports use tiles or flagstones instead of plain concrete.

The choice of door is also critical. Besides conventional gates, there are also the options of accordion gates and folding gates.

Some ways of improving carports include flanking it with planters, trees or bamboo fencing.

バルコニーの庭　Balcony Gardens

2．同，蹲踞を主とした小庭の細部造形　Closeup of the *tsukubai*.

3．洋風バルコニーの一例　To be effective, Western-style balconies require more space than Japanese.

1．和室の北側バルコニーに作った小庭。とても公団団地の三階とは思えない
Seeing this small balcony garden, who could imagine it is on the third-story of a public housing project?

● 近ごろの都会では一戸建て住宅は夢といわれ、マンション住いの人が多いから、庭作りの楽しさなどを語ったりすると、「我が家には縁のない話」といやな顔をされてしまうことがままある。

しかし、庭は、工夫次第で思いもかけないところにも作れるものなのである。

むしろ四六時中、コンクリートなどの冷たい素材と顔をつき合わせていなければならないようなマンション生活にこそ、庭を作りたいと思う。

小さな庭一つで、そうした雰囲気はがらりと変わることに気付いてほしい。あきらめてしまわないで気軽に造園家に相談してみるとよい。その程度のことで、精神的にもゆとりのある生活が送れるのならば、多少の庭の費用など安いものだと思う。

そうはいっても、普通のマンションでは、南向きのバルコニーともなると、他にいろいろな使い道があるので、花や植木の鉢を置くのがせいぜい、ということが多い。そこで、あまり生かされておらず、暗くなりがちな北側のバルコニーの方が、庭作りには適しているといえる。

その際に注意したいのは、小さくてもしっかりと設計することと、重量を必ず制限以内におさえるこ
と、モルタルなどで材料を固定しないことだ。

写真1，2は、千葉県内のある公団団地三階の、北側バルコニーに作った庭の一例である。

バルコニーの左側は、緊急時の避難通路になっているので、庭にしたのは右手の三分の二程に過ぎない。だから、広さはほぼ畳一枚分くらいしかない。

まず、殺風景なコンクリートを隠すために、低い建仁寺垣を、正面から右横までかぎ形に作った。

右奥には庭石を一つ入れ、中央に鉄鉢形手水鉢（古い五輪塔の塔身を用いたもの）を据えた小規模の蹲踞を設けて景としている。この庭石と、手水鉢の台石は、新島産の抗火石（軽石）なので、一人で運べるほど軽いのが特徴である。

蹲踞の流しの中は青砂利でいろどりをつけ、他は薄茶色の伊勢砂利で明るさを出している。鉢植えのツバキ、庭石の後ろのマンリョウの小鉢も、緑のアクセントとして生かされている。

部屋が和室であるだけに、この景によって非常に落ちついた雰囲気を出すことができたと思う。

こういう小面積でも、立派な庭となるのが日本庭園のよさといえよう。写真3は、洋風の作例だが、どうしてもある程度の面積が必要となる。

In Japanese cities recently, the dream of owning a single-family residence is becoming increasing remote, and many have to content themselves with living in an apartment or condominium. Many such people think gardening has nothing to do with their lives. In fact, however, with a little ingenuity gardens can be built even in the most unlikely places. Penned up in their cold concrete cubicles, nobody needs a home garden more than apartment dwellers.

The addition of even a tiny garden makes a world of difference in an apartment. Instead of assuming that a garden is an impossibility, apartment dwellers should contact a professional gardener for advice.

Balconies on the north side tend to be dark and are useful for little besides gardening.

Some caveats are in order. Always design gardens carefully, regardless of size. Stay within the weight limits of the balcony. Never affix things permanently'(e.g., don't pour concrete).

Photographs one, two and four show a garden on the balcony of a third-story public apartment. (The room is a Japanese-style room.) On the left hand side is an emergency escape hatch that must be kept clear, so the garden occupies just two-thirds of the balcony. The tasteless concrete is hidden by a Kenninji fence.

あとがき

　グラフィック社発行の私の庭園シリーズ，第四冊目として記述した本書は，一般の方々に庭園への理解を深めていただきたいという思いから，和洋を問わず，庭園の全般について広く述べたものとなった。

　文章も新聞記事を下敷きにしたものなので，堅苦しい内容となることは極力避けることに努めている。

　そのために，今読み返してみると，エッセイ風になった部分もあるが，その中に庭作りのノウハウといったことも，基本的な点は一通り述べておいたつもりである。

　そこには庭園の研究と共に，実際の作庭にも力を入れてきた私の経験が，多少は生かされているのではないかと思う。

　本書では，この頁数の書物としては，かなり多数の写真を使用していることが大きな特色である。それは，カラー414点，モノクロ126点の計540点にもおよんでいる。これは，すべて私自身の撮影したものである。

　写真の様々な実例を見ていただくだけでも，参考になるように配列したつもりである。

　また，図面も40点以上使用しているが，113頁に一枚だけ高橋一郎氏（日本庭園研究会理事）のものを使わせていただいたのと，古書から転用したものを除いては，私が以前に描いておいた図の中から選んで使用した。その一部には，今回新しく製図したものもある。

　図面はあくまでも参考例であるが，一般の住宅庭園にも十分応用出来るような，小規模の作例を中心として掲載したので，作庭を考えている方には一つの示唆になると思う。

　本書全体のデザイン・割付けには，柳川研一氏のお力をお借りした。また，編集に当たられたグラフィック社編集部長岡本義正氏の御苦労に対して，いつもながら深く感謝申し上げる次第である。

吉河　功

吉河　功

1940年，東京生まれ。芝浦工業大学建築学科卒業。
1963年，日本庭園研究会を創立。現在，同会会長。吉河
功庭園研究室代表。日本庭園研究家，作庭家，石造美術
品設計家等として活躍している。
主要著作に『詳解・日本庭園図説』(1973年，有明書房)，
『竹垣』(1977年，有明書房)，『日本の名園手法』(1978
年，建築資料研究社)，『京の庭』(1981年，講談社)，『石
の庭』(1982年，立風書房)，『竹垣・石組図解事典』(1984
年，建築資料研究社)，『造園材料パース資料集』(1986
年，建築資料研究社)，『竹垣のデザイン』(1988年，グラ
フィック社，共著)，『手水鉢』(グラフィック社)，『中国
江南の名園』(グラフィック社) 等がある。

住所　東京都世田谷区赤堤2丁目30─4　〒156
電話　03─322─7407

デザイン：柳川研一

────────────────────────

庭・エクステリア──基礎知識と実際

1990年10月25日　初版第1刷発行

著　者　吉河　功
発行者　久世利郎
写　植　三和写真工芸株式会社
印刷所　凸版印刷株式会社
製本所　和田製本株式会社
発行所　株式会社グラフィック社
　　　　〒102 東京都千代田区九段北1-9-12
　　　　電話 03-263-4310
　　　　Fax 03-263-5297
　　　　振替・東京3-114345

────────────────────────

ISBN4-7661-0603-2 C3071